中華陶瓷導覽

古瓷鑑定入門

朱裕平著　藝術圖書公司印行

《古瓷鑑定入門》

序

　　中國是世界文明古國，歷史悠久，文化燦爛，一向居世界先列。奧地利化學家玫爾斯博士根據出土彩陶說：「中國是石器和陶器的母邦」，這是確切的。至於瓷器也是中國首先發明，且博得「瓷國」的美譽，而造瓷技藝傳播全世界，造福於人類。

　　華瓷胎骨堅緻如玉，紋片自然成趣，造形優美可愛，釉彩品瑩悅目，由海陸空運銷國外。近代豪勢無不竭其全力豪奪強取，百方羅致。商人牟利又往往作偽造假，以欺世人。就景德鎮瓷器而言，有就舊器加工者，如披掛舊彩，補彩提彩，舊圖描新，後加年款；有做舊者，或在素胎施新彩，或以新瓷換底，以新易舊。現代則作偽之法益精，在胎釉、裝飾、圖繪形形色色各方面精心仿古，幾可亂真。如無鑒定常識，往往上當受騙。故珍藏家必精鑒定真偽優劣，而後才能得到真、善、美的學術性、美術性的享受。

　　上海朱裕平先生熱愛中華民族文化，喜搜集國瓷。收藏既富，又善鑒賞，嘗在上海編印《古瓷鑑定入門》一書，就明清景德鎮瓷的青花、彩瓷、色釉分別闡述。材料豐富，論列詳明，圖文並茂，實乃瓷器鑑賞家們津梁。願共讀之！

　　乙亥歲小滿九十叟　　**傅振倫**　書於故元大都安貞里百衲齋

前　　言

這是一本爲陶瓷愛好者和收藏者寫的書。

藏瓷者恐怕都有收進贋品的不快經歷，碰上珍品而失之交臂遺憾。

經驗豐富的陶瓷專家鑒定一件古瓷僅需一二分鐘的時間；尚未入門的愛好者，對五光十色、眞眞假假的各種器物却不免茫然失措。

因而，欣賞和收藏古瓷必須識「瓷」。

古瓷鑒定歷來有「只可意會，不可言傳」之說。這除了以前古玩界保守的因素外，與認識工具和認識方法的落後有很大關係。「言傳」的內容多爲沒有經過科學論證的經驗型知識，在適用範圍上帶有局限性，在表達方式上帶有片面性。這樣，從一個外行到內行，也許要經歷許多次的失敗和教訓，有的人也許一輩子都成不了內行。

隨著考古資料的大量發現，經過中外考古界的不懈努力，我們對中國歷代瓷器的演進歷史已有較爲清晰的了解。一些對中國古瓷規律性的描述，爲我們迅速而準確地學習古瓷知識提供了可能。

但是，古瓷研究者和古瓷愛好者的目標不同：研究者注重研究的學術價值，不惜從歷史發展、工藝技術、文化背景、流傳影響各方面進行大量考訂、論證與闡述，因而陶瓷史方面的論著卷帙浩繁，洋洋大觀。愛好者注重知識的實用價值，感興趣的是器物的基本特徵、眞假區別、審美價值和收藏意義，想得到鑒別知識和易行鑒別方法。

本書正是爲陶瓷愛好者設想的。

本書所涉內容以歷代名窰爲主，以明清瓷器爲主——因爲它們具有較高的欣賞價值和經濟價值。

在敍述上以一類器物的發展規律爲基本線索——因爲鑒定古瓷就是理清每類器物的起迄年代及不同階段的特點。

在內容上從瓷器種類：「青花瓷」・「彩繪瓷」・「色釉瓷」三種是本書重點。下一本才從「瓷器款識」、「瓷器紋飾和造形」，再附「明清瓷齋名・人名・吉語款索引」・「明清年號款一覽表」。——因爲對這些古瓷特徵的全面認識和綜合分析是鑒定古瓷的基本方法。

在形式上用圖文結合的方式——因爲對典型圖例的熟悉是直觀、準確地學會這些知識的必要手段。

古瓷鑑定入門

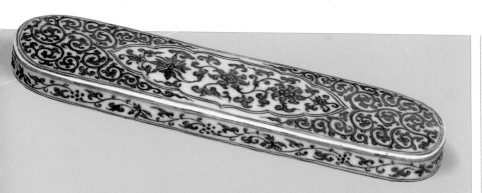

貳 彩繪瓷 —————————— 129

青花瓷

1 青花瓷

青花瓷是中國陶瓷史上最華彩的樂章，潔潤如玉的底釉和幽菁高雅的青花組成的畫面，有中國水墨畫淋漓的神韻，又有東方藝術靜謐的內涵。

數百年中，青花一直是中國瓷業生產的主流，創造了豐富的表現形式。

青花瓷有白地青花和色地青花兩大類。

❶白地青花

白地青花的地釉是無色透明的，這樣便顯出了胎的白色。青花瓷的地色實際上並不全白，呈現不同程度的青色。釉層中含有大小不等的氣泡，使釉層不完全透明而帶玉質感。

青花瓷地釉色澤是斷代的一個重要依據，主要時代特徵為：

唐代青花瓷——白中泛青，透明度好。

宋青花瓷——青白色。

元青花瓷——早期青白色，後期清亮，透明。

明青花瓷——有官窯、民窯兩大發展系統。總的特點是官窯的白淨而民窯的幽菁。從發展趨勢看，釉色由青向白過渡，釉層由厚向薄過渡。

清青花瓷——釉清亮，白度較大，從清初向清末呈現由青向白發展的趨勢，至近現代則出現無色透明釉。

❷色地青花

地釉帶有某種色澤的青花稱為色地青花，有兩種：

低溫色地青花，是在燒成的普通白地青花上，用色釉塗地，然後經低溫復燒。因此低溫色地青花又稱青花填色。這種青花明代宣德始見，如黃釉青花、綠釉青花等。

高溫色地青花是在胎上以鈷藍加繪紋飾後，罩半透明的色釉，經高溫一次燒成。如明末出現的哥釉青花，清初的多青釉青花等。

明・永樂　青花束蓮花卉紋菱口盤
1993年　佳士得香港春拍
拍出價：150萬5千港幣

清・雍正　黃地青花一把蓮直口盤
1991年　蘇富比香港秋拍目錄　編號：200

2　唐、宋　原始青花瓷

我國青花瓷器的出現可以追溯到唐代，但唐青花的發現和認識，僅二十年的時間。

1975年，江蘇揚州唐城遺址出土一件白釉藍彩瓷枕殘片，胎灰白色，青色濃重夾有黑斑。此殘片繪有菱形圖案，菱形內外均加繪繁密的花草紋。

1983年，在同一遺址又發現一批青花碗和盤的殘片，底足造形呈玉環形和玉璧形，說明是中晚唐器物。

1988年，揚州瓊花路出土一件青花碗，外側粘有三彩釉斑，具唐代三彩釉特徵。

此外河南鶴壁有出土青花瓷報導。

香港的馮平山博物館，美國波士頓泛美藝術館，丹麥哥本哈根博物館也藏有帶唐代風格的青花瓷。

揚州唐城出土的青花瓷殘片及海外所藏三件唐青花瓷的造形，與唐代中晚期河南鞏縣窰產品基本一致。經進一步的理化測定，唐城遺址出土物的胎釉及青料的化學成分也與鞏縣產品一樣。因此初步斷定唐城遺址出土的青花瓷是鞏縣窰的產品。

宋代青花瓷在國內有少量發現。

1922年（民國十一年），廣東潮州發現有北宋治平四年款的青花白釉瓷像，像首的冠、髮、眉、眼、鬚都用青花描畫而成。

1957年，浙江龍泉縣北宋太平興國二年（977）建金沙塔基出土了一件碗，胎細白堅緻，瓷化程度好，釉色勻淨透亮呈青白色。外壁主題紋飾為兩組雞冠花，其間各有五點圓珠狀彩紋，青花色澤灰藍偏黑，有暈散。青花經測試含錳量很多，近浙江江山縣鈷土礦，胎骨、地釉、青料的發色，與同期景德鎮窰的其它品種有很大區別，說明是浙江所產。

此外，近年在景德鎮及其周圍發現大批宋代瓷片，其中有不少青花呈色青灰。

唐、宋的青花瓷工藝上還未成熟，尚處於原始初創階段，是青花瓷產生的前奏。

唐　白地青花罐

3 元 青花瓷意外發現

長期以來，人們對元代青花瓷幾乎一無所知。

1929年英國人霍布遜在英國大英博物館達爾德基金會所藏的青花器中，發現一對帶元至正十一年銘的「青花雲龍紋象耳瓶」。瓶身繪纏枝菊、蕉葉、纏枝蓮、海水雲龍、波濤、纏枝牡丹、雜寶、變形蓮瓣等八層圖案。

霍布遜記錄這一重大發現的《中國陶瓷譜》僅印三十部，這部630先令的巨著，至1935年尚未全部售完，至正十一年銘青花瓶的發現，並沒有引起世人注意。

二十世紀五十年代，美國人波普博士以至正十一年瓶爲標準器，對伊朗阿爾代夫神廟及土耳其伊斯坦波爾美術館收藏的青花瓷進行對比分析，找到數十件和元至正十一年銘「青花雲龍紋象耳瓶」特徵一樣的青花瓷。以後，在世界各地又發現了一些同類的青花。

這種景德鎮生產的十四世紀中期的青花被稱爲「至正型青花」。

至正型青花一般都器身高大，用進口鈷料，釉色深沉，底釉清亮透明。紋飾繁複緻密，整個器物給人以端麗雄渾的感覺。

幾十年中，全世界發現的至正型青花不過二百件上下，無以抵抗的藝術衝擊力，使元青花成爲收藏中國古陶瓷的最高境界。

元　青花牡丹紋葫蘆瓶
土耳其・托卡匹美術館藏

元　青花蕉葉花卉紋大盤
香港・天民樓藏

元　青花殘片
日本出土

元　青花盌殘件
中國・湖北省出土

4　元　青花瓷胎釉

元青花瓷的裝飾方法多樣，採用模印、堆塑、剔花、塗抹、線描等工藝，將胎骨裝飾和青花的裝飾結合起來，和單純的青花裝飾相比更為厚重和豪華。元代青花瓷的主要裝飾方法是釉下青花繪畫，具體的分白地青花和青地白花兩種。

元青花的胎質堅緻，因含有較多雜質，在露胎處可見褐斑，在釉邊緣胎上可見窯紅。

除玉壺春瓶外，大多器物砂底見旋削紋，粘有窯砂，常見不規則釉斑。

在製作方法上，瓶、罐、壺等器身拼接，瓶和大罐接口的接痕明顯且毛糙，很少修胎，底足一般呈上大下小的楔形，寬窄不齊。

元青花的青料有兩種。元青花中器身高大的至正型青花的鈷料，經測試為低錳、高鐵、微量砷，被認為是波斯進口料。大部分呈色青翠，有一部分過燒的青中泛紫，欠燒的則青中帶灰。色濃郁而無暈散，有明顯疊加筆痕。青料凝聚處有深青色下凹斑點。元青花中的小型器物用國產青料，呈色青中帶灰，紋飾較草率與簡單。

元青花的繪畫用中鋒筆法，有勾、塌、塗、點等筆法，用同一濃度的青料，可見濃淡層次和明顯的筆痕。元青花瓷上即使較大塊面的青料也大多一筆塌成，這與明初永樂年間用小筆觸填成，有明顯區別。

元　青花鳳凰麒麟蓮花紋八方大罐
1993年　佳士得香港春拍
拍出價：145萬港幣

元　青花花卉紋小碗
江西・高安市博物館藏

元
青花荷葉蓋龍紋罐
江西・高安市博物館藏

25

5 元　青花瓷造形

元代瓷一改宋人肅穆寧靜的風格，變得粗獷有力，游牧民族的生活習俗為元瓷印上了時代痕迹。

元青花瓷常見的器物有：

❶帶蓋梅瓶

小口，豐肩，瘦底，器蓋內心帶子榫以防滑動，與宋代梅瓶相比，有體形高大，弧腹下收，造形挺拔，重心升高的特點。

❷玉壺春瓶

分圓形和八稜等幾種，多口外卷，細頸，坦腹，與宋玉壺春瓶相比，曲線增大，更加俏麗優美。

❸罐

有肥矮型和瘦長型兩種。肥矮型的直口，溜肩，肩以下漸廣，至腹部最大處內斂，平底，口徑大於或等於足徑。瘦長型的為直口，短頸，溜肩，平底，口徑一般小於足徑。有些罐上有蓋，如荷葉形蓋、獅鈕蓋等。

❹碗

有敞口與斂口兩種碗。敞口碗為深腹，小圈足，足內無釉。斂口碗的口沿內斂。

❺盤

器型較大，一般為折沿，有菱口與圓口兩種，圈足，砂底。

❻高足杯

口微撇，足有竹節和圓形兩種。足近底處放大。高足杯又稱馬上杯，適合騎馬時持用。

❼匜

為古代盥器，平底，一邊帶流，流下裝飾一小圓繫。

❽扁壺

小口，有四繫，為元代的特有造形。

另外還有葫蘆瓶、象耳瓶、直頸瓶、軍持、執壺、花觚、轉心杯，與僧帽壺等。

元　青花雲龍紋帶蓋梅瓶
江西・高安市博物館藏

元　青花雲龍紋獸耳罐
江西・高安市博物館藏

元　青花麒麟紋盤
土耳其・托卡匹美術館藏

元　青花雲龍紋扁壺
土耳其・托卡匹美術館藏

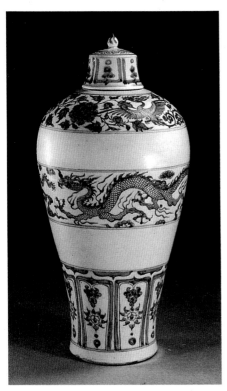

6 元　青花瓷紋飾

大型元青花中裝飾層次多，紋飾繁複。瓶罐自口至底，大盤自口沿至盤心，用弦紋劃分成幾個裝飾帶。

元青花紋樣特點有：

❶紋樣勾線後填色留空白，如花、葉、山石、人物衣紋均有這一特徵。

❷仰覆蓮瓣之間多互不相連，中畫卷草或雜寶。蓮瓣輪廓一般為一粗一細兩根線條，不另填色。

❸雲肩用粗細線條雙勾三層，中加飾水波荷花、花卉、瓜果和馬、鴛鴦、雲雁等。

❹菊花多單層花瓣，雙層的較少。

❺海水紋精細工緻，有魚鱗狀左右背向漩渦，浪花如薑芽狀尖細排列。

❻撇口瓶及碗的裡口沿畫回紋、卷草紋，在其它器物上也常見回紋、卷草紋作邊飾。

❼龍身細長，疏髮，蛇尾或火焰狀尾，細頸，頭較小，單角或雙角。龍鱗有斜方格紋或加渲染等。三爪或四爪，不見五爪。鳳頭似鸚鵡，魚鱗狀細羽片，一至五條長羽尾。

❽麒麟畫成鹿頭、牛蹄、馬尾。

❾卷草紋無中心連續波谷線，各個紋樣單位分開畫，與明初畫法有別。

❿人物著色用豎筆上下渲染，在濃筆邊線內染淡色或衣紋留白。

元青花特徵性紋樣還有：蕉葉紋中莖滿色；蓮葉呈規矩的葫蘆狀；牡丹花葉肥大規整；竹葉尖向上；蝌蚪狀雲紋；梅花全開的呈五個圓圈，枝幹上有刺狀小枝等。

小型元青花紋飾簡約，用筆流暢，青色淋漓，和大型青花的規整端莊有所不同。

元　青花八稜罐
遼寧・省博物館藏

明　洪武　官窯青花瓷胎釉

明洪武的青花瓷是陶瓷研究與收藏的熱點。

洪武官窯建於何時尚有爭議,且無洪武官款器物傳世,但以發現的洪武時期瓷器看,有精緻華麗和粗陋草率的兩類,說明有官窯存在。洪武官窯遺址在八十年代發現,使這一歷史疑案得以解決。

洪武官窯青花瓷的胎骨大部分是潔白色,有的燒結不透呈黃褐色。胎質與永樂官窯器相比較爲粗鬆,有孔或裂隙。器物製胎時均經修磨。圓器都很光緻,琢器則有接胎痕甚至接胎裂隙。器內有厚薄不一的旋坯刮抹痕。

胎體比元代同類產品薄,有些七寸碗的碗壁僅厚 2mm,但圓器的中腰以下胎體還較厚重,由於成型技術與燒製技術均掌握得較好,故器物很少塌底、夾扁或翹稜。

釉層與元青花相比顯著加厚,一般都肥潤平滑。爲深淺不一的青白色,很少有開片。圓器口沿處有積釉,琢器器裏有施釉垂流痕。

大盤、執壺、玉壺春瓶、碗類均爲釉底,有大小不等的開片和厚薄不勻的刷絲痕。假圈足的底面一般無釉,底面砂底呈大片的火石紅色或施紅色釉漿。洪武瓷底部的赭紅色漿料多施於無釉砂底上,也有施於釉底上的,刷痕明顯,這種赭紅色釉漿是洪武瓷特有的。

明・洪武　青花扁菊紋盞托
朝日新聞社・青花瓷展

明・洪武　青花折枝花卉紋稜口大盤
1984年　蘇富比香港春拍
拍出價：121萬港幣

明　洪武　官窯青花瓷造形

明洪武官窯青花瓷（包括青花釉裡紅）造形以體形碩大、氣勢雄渾爲基本特徵，帶有元青花瓷的遺風。

玉壺春瓶──有大小兩種，大的高達30cm左右。造形則較元玉壺春瓶粗壯，爲撇口，長束頸，溜肩圓腹，圈足釉底。

執壺──器身造形與同時代玉壺春瓶相類似，腹有彎曲長流，流與壺身之間以如意雲板相連，柄上有小環。

碗──有口徑40cm和20cm兩種，深腹，直口或侈口，圈足大而矮。

菱花口折沿大盤──口徑45cm左右，一爲寬板折沿菱花口大盤，另一種爲圓口折沿大盤。

折沿淺盤──口徑20cm左右，有直口和撇沿口兩種，深弧壁，圈足釉底。

菱花口盞托──口徑20cm左右，有八個花瓣式凸稜，盤心有凸稜，淺假圈足，底部無釉，爲洪武特有器物。

梅瓶──直口或侈口卷唇，肩部圓潤。

大罐──50cm或60cm高，撇口，短頸，平肩，長腹，腹部帶有凸十二瓣瓜楞形。腹底外撇至足，平底內凹無釉。配有寶珠形鈕，寬沿或荷葉形蓋。

明洪武青花的底足均修削得十分規整。盤、碗類器物和玉壺春瓶、執壺的圈足內牆離心切削，外牆向心重刀斜削。足部較寬厚，20cm左右的折沿盤和菱花口盤托及大罐類爲微凹的假圈足。

明・洪武　青花纏枝花卉稜口盤
明・洪武　青花雲龍紋壽字梅瓶
上海博物館藏

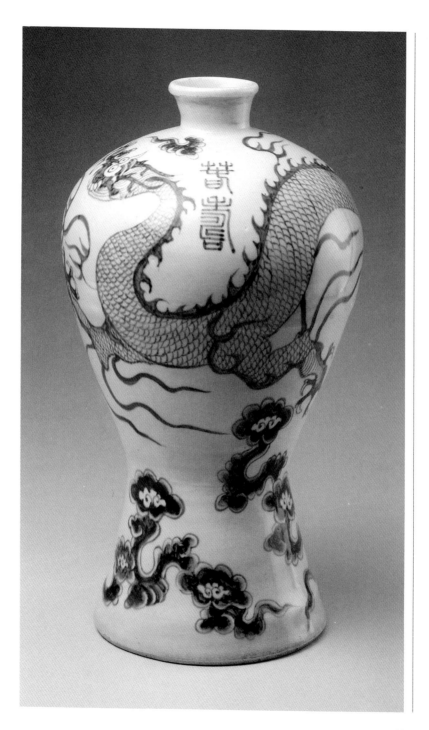

9 | 明　洪武　官窯青花瓷紋飾

青花用國產鈷料，有三種色調：

淡藍色，呈色清麗有層次無暈散。
淡青色中散見深藍色小點，有少量暈散。
灰藍色，有黑青色甚至鐵黑色斑，有的表面凹凸不平，有這種呈色的青花瓷釉面呈灰色而乳濁。

洪武官窯青花裝飾以程式化的多方連續圖案為主，內容為纏枝或折枝花卉紋，布局上趨向疏朗而突出主題。
作主題紋飾的題材有菊花、牡丹、靈芝、蓮花、四季花、芭蕉、樹石、庭院風景、松竹梅等。作邊飾、補白等輔助紋飾的有卷草紋、回紋、忍冬草、蕉葉、蓮瓣等。

洪武青花紋飾的時代特徵：

回紋——正反兩個一組（區別於元青花的同向回紋）。

蕉葉——中莖留空（元青花蕉葉中莖滿色）。

如意雲肩——與元青花相比明顯瘦小，雲肩內僅畫折枝花或葉脈紋等簡單紋飾。

仰覆蓮瓣紋——邊框互相借用並填色，蓮瓣內僅畫寶相花等簡單紋飾。

扁菊紋——作主題紋飾，橢圓形，花蕊為雙線勾後畫斜網格。雙層菊瓣，裏層線描外層填色。

牡丹紋——花瓣內填色後外加單線勾邊。葉稍瘦削但變化較多。

纏枝蓮——花瓣為麥粒形或變形麥粒形，花蕊有石榴形和圓形，有的飾聯珠紋，花葉瘦小。

雲龍——出現五爪龍，小頭，長身，細頸，頭部出現平直後掠的披髮。與龍紋相配的雲紋稱「風帶如意雲」，二重如意雲頭，雲腳較短，較粗且向一側彎曲。

明·洪武　青花瓜果紋碗
伊朗·德黑蘭阿爾代夫神廟藏器

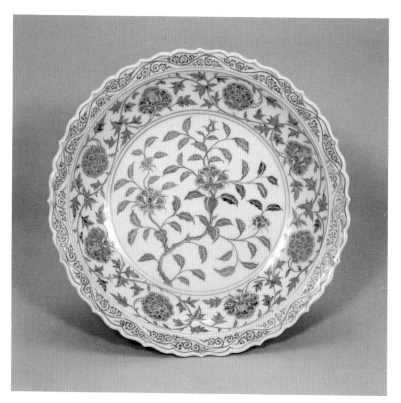

明·洪武　青花茶花紋大盤
1984年　蘇富比香港春拍
拍出價：121萬港幣

明·洪武　青花葡萄紋碗
伊朗·德黑蘭阿爾代夫神廟藏器

明　洪武　民窰青花瓷胎釉

明代的民窰青花粗率，但因其紋飾自然多變而獨具魅力，其中一些保存完美製作細緻的，已爲藏家看重。

洪武民窰青花的胎質，早期的瓷化程度不好，見僵胎，胎色有淺灰、灰色、淡土黃、枇杷黃、米紅以至淺赭。洪武中期以後瓷化程度較好，胎質堅緻，呈色以白色爲主，至洪武後期則均爲白色胎。有的早期產品有窰裂，中期以後即已少見。

早期產品釉色薄亮透明，無片紋或略有細長片紋，釉色有淺灰、卵青、灰黃、米黃甚至淡赭。早期產品中有一種淺粉色或米紅色釉，釉層失透呈玉質感，開細碎片紋，很像南宋杭州官窰產品。洪武中期開始，釉色以淡卵青色爲主，少數水青、灰青色，後期則爲極淡卵青色。中期開始釉質肥潤，無紋片的居多，開細紋片瓷質又精的口沿有醬色釉。除早期產品外，一般很少有縮釉現象。

明·洪武　民窰青花碗（底部）
明·洪武　民窰青花碗（底部）

11　明　洪武　民窯青花瓷造形

洪武民窯青花器以碗、盤、杯類日用餐具爲主。

❶ 碗

有宋式涼棚碗、撇口碗、斂口碗三種。

涼棚碗爲洪武早期產品，敞口斂足斜壁，口徑在13～14cm間，足徑約爲口徑的三分之一，矮圈足或假圈足，底心一般有挖足殘留的乳釘，砂底。

撇口碗中期以後較多出現，敞口，撇邊，口沿微折，中腰以下腹壁稍有弧面隆起，底面中心有旋坯痕，釉底，砂底均有。口徑14～15cm。

斂口碗則在洪武後期出現，深腹尖底，寬平口沿。

❷ 盤

折腰，深淺大小不等。前期盤折腰輪廓明顯，器身較高，盤底厚重，內心呈平面。圈足較小，足壁厚兩面相對切削，砂底有乳突。後期盤扁平，口沿外撇，折腰圓柔，盤的內心下凹，圈足增大，足壁厚，上下厚薄較勻。底心乳突小，底面有薄釉，見刷痕。

❸ 杯

洪武後期出現，有兩式：仰鐘式敞口撇邊，腹壁與底交接處邊牆硬折，

砂底。墩子式爲直口微侈，釉底，杯心有疊燒痕，口徑在7～8cm左右。

洪武民窯青花的底足前後期不同，呈現如下變化規律：

圈足由小到大。

足壁由厚到薄。

挖足由淺到深。

足壁切削由斜到直，由輕到重。

底面乳突由大到小。

底面由砂底到釉底。

明・洪武　民窯青花結帶繡球紋碗

明　洪武　民窰青花瓷紋飾

明洪武民窰青花紋飾採用「一筆點染」的筆法，總的特點是圓弧形線條居多，技法熟練，不拘成法，有游龍飛鳳之勢。

碗、盤類的邊飾最初限於外沿，以後則口沿兩側均有紋飾。早期以連續正反的三角形組成紋飾，間加點或短線。有以三條平行線相反構成圖案，同時出現六邊形的「龜背錦」紋。後期採用重十字菱形紋飾帶，每三條平行直線為一束，交叉成連續菱形，上下間加押口弦紋各一道，並在菱形中加畫十字。

碗心沒有疊燒痕的都繪裝飾紋樣，一般都有青花雙圈。早期的碗心紋樣有作裝飾的草體「福」、「壽」字，另有簡筆單枝水草、菊瓣、靈芝、火焰寶珠、簡筆龍形、海螺潮水或不可識小花卉。中期器物內心有山石、松、竹、梅、仔熊。後期產品重於寫實，多為自然形象，「福」字用隸體，有單字梵文或與花草相配的梵文等。

外壁主題紋飾繪纏枝花的一般作二方連續，非纏枝花為主題的其它獨立題材前後左右四方對稱或前後兩方對稱，亦有三紋飾環壁的裝飾方法。器物內壁一般無花紋。作主題紋飾的有纏枝花、芝草、蓮葉、吉祥草、鳥、童子、萊菔、豆花、梅蘭、纏枝蓮、

荇草荷花、花樹、雲氣等。早期茶盞的四壁口沿下各書一「福」字，與碗心所題「福」字合稱「五福」。

明民窰青花係用淘煉不精的國產鈷料，發色暗滯，呈深靛青，凝聚處有黑褐色斑點，過燒時有暈散。洪武後期青花逐漸趨向清麗明艷。

明・洪武　民窰青花碗心紋飾

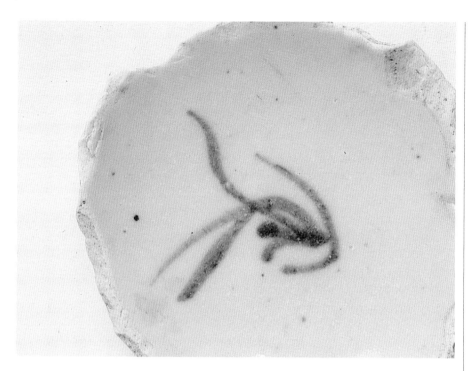

明‧洪武　民窯青花蘭花紋飾盆

明‧洪武　民窯青花雲氣紋碗

13 | 明 永樂 官窯青花瓷胎釉

洪武後期官窯出現，至永樂體制上運作已正常，推動了瓷藝的提高，因而永樂青花至善至美，和宣德相比更勝一籌。

明初洪武所製青花瓷在很大程度上還帶有元代的痕迹。自永樂開始，青花瓷的造形、紋飾出現了新的風格，開創了新的階段。1979年至1988年，江西景德鎮發現了明永樂、宣德官窯遺址。從遺址出土的大量實物標本，使我們進一步摸清了永樂、宣德青花的眞面目。

瓷胎細但瓷化程度較差，有少量僵胎，釉色白中含青，有的底釉呈白色，或呈波浪形，少有開片。釉質均相當肥厚。

永樂官窯青花瓷所用青料分前後兩期。前期以國產料爲主，青料含鐵量少而含錳量高，呈色藍中帶紫而無黑斑。前期有一部分用進口料的也大多因技藝上掌握不好而呈色欠佳。後期用進口的蘇泥勃青，這種青料含錳量少，呈色不含紫而爲純正寶石藍色。由於這種青料含鐵量較高，燒成的青花上往往有下凹的黑鐵斑，與宣德青花相似，但量散現象較宣德爲甚。

明永樂官窯青花瓷器物製作精美，瓶罐類器物的接胎痕不明顯。大盤多砂底，打磨光緻而細膩，有小塊鐵紅斑。一般器物以釉底爲主。

明・永樂　青花雙龍高足盌
台北・故宮博物院藏

40

明・永樂　靑花四季花卉紋大盤
香港・天民樓藏

明　永樂　官窰青花瓷造形

永樂時青花尚不爲宮廷所重，官窰生產以白釉爲主。據《故宮瓷器錄》記載，台北故宮永樂官窰青花僅藏兩件，都是花鳥扁壺。

事實上，永樂官窰青花數量遠不止此，重要原因是永樂青花不題年款，貶入宣德或提爲明初的不在少數。

常見器物造形有：

大盤——有圓形和菱花形兩類，圓的分折沿和弇口的兩種。

瓶——玉壺春瓶、梅瓶、雙耳扁瓶、天球瓶。

壺——三繫把壺、波斯形執壺等。

杯碗——壓手杯、高足杯、雞心小杯、雞心碗。

另有些器物屬新創器型，有多楞燭臺、花澆、筒形器座、帶蓋瓷豆、臥足洗等。

永樂青花中特大尺寸多作外銷，其中有直徑達兩尺的大盤。

永樂和宣德青花有很多相同器型，永樂製品胎體略輕薄，細部處理也更精巧。

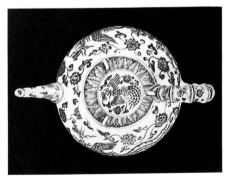

明·永樂　青花鳳凰三繫把壺
台北·故宮博物院藏

明・永樂
青花纏枝蓮紋
玉壺春瓶
1995年
佳士得香港秋拍

明・永樂　青花纏枝蓮花果紋折沿盤
1995年　佳士得香港春拍
拍出價：167萬港幣

15 明 永樂 官窯青花瓷紋飾

永樂青花以清麗疏朗爲特徵，一改元代和明初洪武深沉繁滿的風氣。繪畫筆法以小筆觸爲主，雙勾填色。

各種折枝花果是永樂青花的常用紋飾，題材有蓮花、菊花、山茶、花果等。元和明初青花上則以纏枝花果作主題紋飾。折枝花果常見於執壺、罐、碗等器物上。

龍紋見於盤的外壁，在兩條行龍中飾萬字雲。龍體除少數細長外，一般爲肥身，有平直披髮和豎披髮兩種造形，爪肥實，有三趾、四趾、五趾等數種。

鳳紋較少見，器物如三繫把壺，壺腹畫兩隻飛鳳穿行於花卉之間。

花鳥紋，見於扁壺的兩面或高足碗的外壁。

走獸紋，如雙獅滾球紋，繪於青花壓手杯內心。

人物紋較少使用，有嬰戲紋，上畫十六童子，稱「十六子」，以後成傳統題材。胡人舞樂紋，在青花扁壺兩側各畫五個不同姿勢的胡人，一人揚袖起舞，四人奏樂。

作輔助紋飾的有：

朶花，多爲五個花瓣的梅花。

錦紋，由六方、六角、磬式等圖案組成。

蕉葉紋，葉脈中莖不填色。

仰覆蓮瓣紋，瓣心大多填色；每瓣雙勾邊框，各瓣之間借用邊線。

作輔助紋飾的還有卷草紋、回紋、正反山字紋、波濤紋等。

明・永樂　青花花果菱花式杯
台北・故宮博物院藏

明・永樂　青花折枝花果瓜稜罐
1992年　佳士得香港秋拍
拍出價：77萬港幣

明・永樂　青花束蓮花卉盤
1992年　佳士得香港秋拍
拍出價：96萬8千港幣

明 永樂 民窰青花瓷

永樂民窰青花的胎瓷化程度良好，燒結不好的僅占少數。胎色白淨，個別的白中含灰。

青花發色以靛青色為主，另有呈色明麗或黝黑些的，大多夾有黑褐色斑痕，青料垂流或凝聚處釉面稍稍凹陷。總體上青花呈色和洪武年間所製相似。

釉色白中含青，釉質滋潤，有細橘皮紋，少量的為淡卵青釉，透明且有細開片。大多器物有縮釉現象，縮釉點線一般存在於圈足上端內外，或底面、碗心。

器物以碗、盤、杯、盞或日常用品為多。砂底為多，少見釉底。一般的圈足較深，內壁旋削乾淨，圈足內壁和底面垂直或小於90°，與洪武年間所製圈足呈上寬下窄的楔形不同。足端露胎線平切，因而較洪武年間製品為寬。青花碗滿釉，基本不見窰托墊燒的露胎圓圈痕迹。

永樂民窰青花的紋飾簡約，題材以動物、花草等自然物為主。

碗類器物外壁的主題紋飾繪畫形式較少，大多為帶有裝飾性圖案。圖案一般為三至四個節律的二方連續紋。題材如人物、走獸、禽鳥、松竹梅、蓮花束、芭蕉、海水浪潮、團花菊花、如意、花果、花卉風景（風景中畫菊花、蘭花、靈芝等）、花果欄杆、結帶繡球等。

碗心紋飾有人物、乳虎、飛雁、竹梅花、束蓮、竹草、芭蕉、蒲草、折枝桃、蘆葦、落花、月華錦、四瓣花形、雲雷紋、盒子心錦、團花菊花、團花花樹、折枝花、結帶杵、纏枝花、纏枝蓮、纏枝西蓮等。

吉語「福」、「祿」、「壽」字常作碗心裝飾：

「福」字以草體為主，間有行書、草隸和草篆，字外有青花雙圈居多，無圈線邊欄少見，單圈極罕。

「祿」字均不加「示」旁，草書，字外大多加青花雙圈。

「壽」字以草書題寫，外有雙圈。

青花碗的口沿大部分僅飾以弦紋，不見其它輔助紋飾。

明・永樂　民窯青花花卉紋碗（四張）

17

明 宣德 官窯青花瓷胎釉和造形

青花瓷製造以宣德為頂峰，不但器物品類繁多，紋飾精美奇異，而且數量也相當巨大。宣德青花成為明代甚至清代青花製造的楷模。

釉色白中含青，在瓶、罐的口沿及底足外壁聚釉處呈水綠色。釉色瑩白的少數。釉層中含有較多的氣泡，釉面有橘皮紋。

胎質均潔白堅緻，與相同的永樂器物相比略為厚重一些。器物底部以釉底為主，砂底的一般為或大或小的特殊器物，如大件的天球瓶、梅瓶、大盤，小件的深腹圓洗、三足爐、花澆、鳥食缸等。砂底的帶火石紅，有的施淺紅色護胎汁。

典型的宣德青花用進口蘇泥勃青，呈色藍中泛綠，濃艷欲滴，有黑褐色鐵斑。一部分用國產料的，則色澤略灰。有些情況則是同時用兩種青料，如海水龍紋高足碗，用濃郁的進口料畫花，以淡雅的國產料畫海水，主次分明，相互襯托，增加了藝術感染力。

器物造形多樣，有的小件器物則和甜白、祭紅等單色釉瓷相似。

壺類：玉壺春瓶、扁壺、雙繫扁壺、執壺、僧帽壺。

瓶類：天球瓶、梅瓶、獸耳瓶、龍耳折方瓶、貫耳瓶。

碗類：合碗、瓣口碗、高足蓋碗、高足鍾。

花器類：花插、花澆、鏤空花熏。

文具類：印泥盒、水盛、花式洗、圓洗、八角燭台、筆管、筆盒。

雜類：豆、渣斗、罐、鳥食缸、盤、碟、盤座。

明·宣德　青花纏枝蓮紋瓶
1993年　蘇富比香港春拍
拍出價：134萬港幣

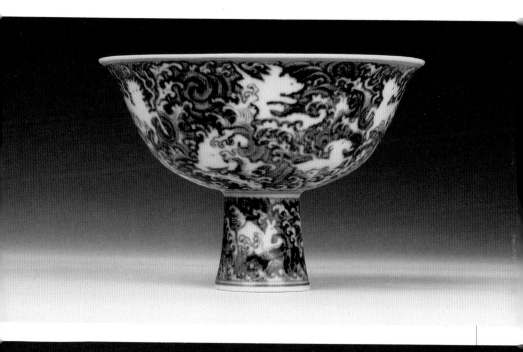

明・宣德　青花波濤海獸高足盌
1992年　佳士得香港秋拍
拍出價：254萬港幣

明　宣德　官窯青花瓷紋飾

宣德官窯青花上紋飾的基本筆法有兩種：細小紋飾用筆一筆勾成，塊面較大的紋飾則勾勒後填色。填色時用小筆觸，留濃淡相間的筆痕。

裝飾紋樣大多程式化，器形和紋飾都相配合且固定下來。如菱口大盤一般用纏枝蓮作飾，侈口淺弧形大盤用把蓮、串枝蓮和牡丹爲飾，折沿大盤則用把蓮、纏枝葡萄、瓜果和纏枝蓮爲飾。

主題紋飾以各種纏枝花和折枝花爲多，題材有蓮花、牡丹、菊花、靈芝、瓜果、葡萄。另外常見的主題紋飾還有蓮托八寶、松竹梅、竹石芭蕉、蓮池魚藻、靈芝、花鳥、獅子繡球、海獸等。

龍鳳紋是常見紋飾。龍身變肥，有披髮、豎髮及前披髮幾種，五爪前後相連成一圓圈，有雲龍、海水龍、龍鳳、龍紋牡丹幾種。鳳紋一般都與番蓮、雲紋相配合。

人物紋中以各種仕女紋爲多，配以亭園景物。

另輔助紋飾有：相連的回紋、正反山字、海水、朶花、曲帶、蕉葉（主脈中莖不填色）、仰覆蓮瓣（大多瓣心填色）等幾種。梵文、藏文也出現在青花器上。

除用青花繪製紋飾外，宣德青花還有模印、刻畫等方法作裝飾手段。

明・宣德　青花海水龍紋盤
1980年　蘇富比香港秋拍
拍出價：275萬港幣

明・宣德　青花纏枝花卉紋直口盌
1992年　蘇富比香港春拍
拍出價：180萬港幣

明・宣德　青花花鳥紋大盤
日本・東京國立博物館藏

19 明　宣德　官窯青花瓷仿製

明宣德官窯青花瓷在製作工藝上登峰造極，明中期即有仿製，至清初康、雍、乾三朝的仿品更是大量出現。仿製品中有不少是粗製濫造的，但也有相當精美的，具有一定的收藏價值。

❶明仿

明代仿宣德青花一般是民窯出品，粗率居多，器物的造形、紋飾並不和宣德製品一樣，器物上題宣德年號。

仿宣德款明正德開始出現，以後萬曆、天啓、崇禎均有，以天啓爲多。仿款共有「宣德年製」、「宣德年造」、「宣德年置」、「大明宣德年製」、「大明宣德年造」五種。「造」字和「置」字宣德瓷上沒有用過，因而一看便知是仿製的。用「製」的則須全面分析來判別眞僞。

❷清仿

清初仿宣德青花強調「仿」，因而造形、紋飾、青花呈色都力求一致。清康熙早中期所仿胎體厚重，質地堅密，青花呈色穩定。康熙晚期至雍正的仿品青花有暈散，釉面有橘皮紋，青花中的黑斑用重筆點染而成。清初仿品和宣德原器有以下區別：

仿器青花黑鐵斑用加釉法燒出，與宣德青花由於進口蘇泥勃青料自然形成的下凹的黑鐵斑不同。

仿器中大盤底部有旋削紋，原器則打磨光緻。

仿器大盤底足內外牆垂直底面，原器則外牆內傾，內牆外傾成楔形。

仿器中大盤足脊經打磨成圓「泥鰍背」，原器有楞角。

仿器前後拼接並有痕迹，原器則上下拼接。

❸近代仿

民國初古物市場興旺，北平的仿古瓷已可亂眞，仿宣德青花尤爲突出。和宣德原物相比，頗有幾分相似。但胎骨僵白，過於潔淨細膩，釉色灰青，青花飄浮，都是民國瓷特徵。

❹現代仿

九十年代以來，景德鎮仿古瓷技術日見精湛，仿明清官窯青花實已超越前代。但總的看仍無法亂眞，釉質乾而薄，釉色灰而白，青花呈色單調沉悶，紋飾技法生硬低劣。因此仍有識別區分的依據。

清・康熙仿
青花纏枝花紋鉢缸
北京・故宮博物院藏

清・康熙　青花海獸紋盤
上海文物商店藏

20 明　宣德　民窰青花瓷

宣德民窰青花的胎土不但色澤較白而且瓷化程度好，胎質粗鬆的很少。與永樂民窰器相比胎體減薄。

釉質肥潤明亮，有細橘皮紋，呈淡卵青色，火候掌握不好的爲灰黃或灰青色。

青料有進口與國產兩種。用進口料的呈靛青色，有黑褐色鐵斑。用國產料的呈色青灰，有的鈷成分極少而呈色淡。

器物以碗、盤類的日用器皿爲主，瓶、罐類較少。數量最多的是碗，與明初洪武、永樂製品相比，碗身與圈足較矮，碗壁和底較薄，圈足的足深與足高大體相等。圈足外壁略向內斜削，裏壁同底面垂直，裏壁同底面交接處有殘存胎土。足端露胎線平切並略打磨，見窰紅，底面以釉底爲主，底面平坦，底心見乳丁。

民窰青花不見年號款，題寫年號的民窰青花器均爲明中後期甚至清代的仿製品。

同明初洪武、永樂民窰青花相比，紋飾簡單和線條粗壯是宣德製品的主要特點。

主題紋飾以纏枝花爲主，花心排列整齊。花瓣如粗壯稻粒，和元青花上的束蓮紋相似。

主葉由洪武、永樂的豆狀改爲桃實狀，開始出現纏枝蓮托八寶這種帶有道教色彩的紋飾。海水浪潮紋是常見紋飾，浪花周圍空白用同心圓弧的水波紋及圓形螺旋線作底。

作碗心紋飾的有大小兩種花形，花形較小的是螺旋線花心，環以七、八片小圓花瓣。花形較大的花心爲一圓點，四周圍以心形花瓣五片。而「盒子心」錦，中心爲正視的盛開菊花，螺旋形花心，周圍有「如意雲子」五個，用新月形短線相連。文字作碗心紋飾的僅見「福」字一種，用隸書或草書題寫。

邊飾一般爲押口弦紋一至二道，位於內側。另有回紋花紋、重十字菱形紋、梵文等。在碗內側用梵文作飾爲宣德首創。

54

明・宣德青花纏枝花卉紋

明・宣德—成化
民窯青花琴棋書畫紋大罐
日本・戶栗美術館藏

明　黑暗時期的青花瓷

明宣德至成化之間的正統、景泰和天順，因沒有發現過帶官款的器物，稱爲明代製瓷史上的黑暗時期或空白時期。

處於十五世紀中的正統、景泰和天順，政局動亂，造成瓷業萎縮，雖維持生產，但質量遠遜於稍前的宣德和稍後的成化。

近三十年來經中外學者的努力，初步揭示黑暗期的眞實情況，其中南京博物院王志敏的成就尤爲突出。

南京玉帶河是明初皇宮的內宮牆外的「御河」，1964年在疏浚中發現明代殘瓷無數。經整理，發現明洪武至成化前的細瓷，和明初至明末的民窰瓷。且種類齊全，幾可按年代排列。這些寶貴資料尚待進一步研究以發掘其全部價值，但從已發表的研究成果看，對明代青花瓷認識已產生了極爲重要的影響。

研究成果中最重要的，是對黑暗期瓷的揭示。這些十五世紀中產生，既不同於宣德，又異於成化的正統、景泰、天順產品，具有一種蕭瑟與荒誕的特有氣氛。孤松、殘月、危石和彤雲，使人聯想到荒蠻與戰亂，聯想到西方黑暗的中世紀。

繼南京明故宮的重大發現之後，黑暗時期的瓷器不斷被甄別與確定。十五世紀中青花成爲特有的研究課題，也成爲收藏家們追逐的收藏項目。

明・正統　青花纏枝蓮紋梅瓶
江西・省博物館藏

明・正統―天順
青花仙山樓閣紋
菊瓣大碗
香港・天民樓藏

22　明　正統　青花瓷胎釉

正統青花在用料和燒製技術上與宣德基本相似。

正統青花中有製作精良的產品，雖不見年號但尚屬宮廷用瓷，這類器物瓷質堅緻潔淨，釉層薄而透明，釉表有細橘皮紋，無開片，釉以水青居多，極少爲純白色，有的加醬色釉口。

器物底部釉色變化較多，一般均有縮釉點及橘皮紋。

碗底釉大多爲白中含青，另有極淡卵青釉、膩白釉和僵白釉，其中淡卵青釉見兩次復釉痕迹。

盤的底部釉有幾種：極淡卵青釉，見凝聚、流淌印痕；含青白釉；有兩次上釉痕迹，釉質腴潤，見細白紋片的蘋果青釉。

正統後期製品底釉均光潤肥厚，圈足與器脛交接處有淡豆青色凝釉。

圓器圈足邊牆外直，內壁稍外侈。後期製品的圈足微外撇，內壁自中間起作離心方向斜削。早期產品的足深等於或小於足高，後期產品則足深略大於足高。足端露胎線平切，外沿輕刀斜削，內壁稍打磨，底平面。

青料以國產料爲主，偶見摻用蘇泥勃青料。呈色濃艷清新，濃處有下凹的褐黑色斑點，少量呈淡青灰色。

明・正統二年　青花纏枝蓮蓋罐
江西・省博物館藏

明・正統　青花八寶萬字螭耳香爐

明・正統七年
青花纏枝牡丹紋瓜楞蓋罐
南京博物館藏

明 正統 青花瓷紋飾

裝飾布局繁密，盤碗均兩面繪畫，圖案多於繪畫，人物少見。其中常見的紋樣有纏枝牡丹、纏枝蓮托八寶、牡丹孔雀、三獅踏海、松竹梅圖、魚藻紋（鱖魚外圍以五叢弧形水草）、獅子盤球、異獸、荷花等。主題紋飾中應用最廣的是纏枝蓮，其次是纏枝牡丹，花卉在畫法上完全圖案化，多二方連續。

主題紋飾中具特徵性的畫法有：

荷花圖案為正面荷花一片，荷葉後蓼蘭一株，雙穗下垂，又盛開蓮花兩朵。纏枝蓮上有的托八寶，其法輪整個上尖下圓組成封閉圖形。纏枝蓮和纏枝牡丹葉形相似，有蝌蚪形、豆莢形、桃實形、曲線形。正圓形松針球，正統晚期改為橢圓形。側枝半放梅花及其蓓蕾，正統晚期改為梅枝小花朵間雜三兩朵盛開的大梅花。竹葉葉尖排列向上如百合花植株，晚期改為實線一筆畫竹竿、竹葉，為寫實畫法。

主題紋飾均不見有山石或地皮景相配，正統晚期的則配以地皮景。人物畫等見於正統後期，有仙山勝境、南極老人圖、嬰戲圖等。

器心紋飾有「松竹梅圖」（外有青花雙圈）、梵字（中心雙線圓圈，外圍蓮瓣八片，各寫一梵文）、異獸（四面仰望或仰首前瞻的犀牛望月圖，四周用道家雜寶作補白紋樣）、香草龍紋（肢體勁健，或口吐蓮花，亦用於碗外壁）、飛龍出水圖、如意輪方旋杆圖等。

器物脛部多數用蓮瓣及其變體作裝飾，蓮瓣輪廓線裏再加一瓣心，塗鈷藍。每兩片蓮瓣之間吐露內層花瓣尖頭，單層蓮瓣未見。變體蓮瓣最常見的是釘螺形作內心。其它還有桃形和螺螄醬形。簡繁不一的螺螄醬形變體蓮瓣是正統青花上獨有的，常見於蓋的頂面鈕座部分和器脛位置。簡筆蕉葉紋和海水紋常用於瓶類的脛部。

邊飾則有席紋（用於折沿盤口沿正面，絢紋用於口沿外或器心外）、連續人字紋（環繞盤心為正統持有）、卷草紋及顛倒錯列的品字心三角形飾帶（碗盞口外）、梵字和重十字菱形紋帶（盤、碗口沿裏壁）。外沿大多為雙線弧紋。

正統青花獨有的花紋有：正圓形松針球後期為橢圓形；主題紋飾除後期外不加山石和地皮景；纏枝蓮托八寶的法輪光焰，組成封閉的上尖下圓圖形；犀牛望月圖，連續人字紋飾帶；螺螄醬狀的變體蓮瓣紋等。

明・正統―景泰　青花八仙朝聖圖罐
南京博物館藏

61

24 明 景泰 青花瓷胎釉

　　景泰青花的釉層較正統青花厚而且呈玉質感，釉色大多爲厚重的湖水青色，淺青色的較少，個別爲膩白釉。少量器物有細碎片紋。

　　器物裏外的釉基本上一致，但裏、外、底釉色一樣的較少。

　　碗的底釉有粉青和淡青兩種，釉層較器身爲薄。釉層中有極細氣泡凹陷痕迹，見縮釉點及兩次上釉刷痕。釉表有細橘皮紋、開細白紋片。

　　盤的底釉大多爲淡卵青色，另有淡豆青色和白釉。釉面有高低不等的氣泡凹陷痕，大多有縮釉點，有的見牛毛狀細長開片。

　　碗底圈足邊牆與底面垂直，足深大於或等於足高。底面平，有見挖足「跳刀」痕，足端露胎線打磨，呈「燈草梗」狀，有的圈足下端略收或微侈，個別爲就底面挖足成型的假圈足。

　　盤底圈足外壁內傾，內壁也內傾。圈足較低，多數足深等於足高，少量的足深稍大於足高。

　　由於景泰青花釉層加厚，有細小氣泡，使紋飾筆觸不夠清晰，有鬆散朦朧的感覺，筆劃圓潤柔軟。

明·景泰四年　青花折枝牡丹紋月牙瓶
景德鎮陶瓷館藏

明·景泰四年　青花折枝花紋筒形香爐
景德鎮陶瓷館藏

明·景泰七年　青花卷雲蘭石紋碗
景德鎮陶瓷館藏

25

明 景泰 青花瓷紋飾

景泰青花裝飾的總的特點是繪畫內容增多，幾何圖案相對減少，人物題材顯著突出。

人物畫以大片左右飄拂的撕破魚網狀卷雲作背景，寓意虛幻或仙境。常見的有三國故事、琴棋書畫、高士、仙人、嬰戲等，歷史人物故事圖中的垂柳用連續「人字紋」表示，背景為密布的彤雲和高聳的奇峰。高士圖常伴以禮帽狀花草。仙神佛像頭後光輪一環。「嬰戲圖」的嬰兒面容壯健，五官攢聚，頭頂有辮，斜向額前。

作主題紋飾的纏枝紋有纏枝牡丹、纏枝菊和纏枝蓮花三種。

纏枝牡丹的葉最常見的是菊葉狀的，其它還有「老虎腳爪」狀、「雞爪」狀、「三角楓葉」（鵝掌狀），及前端填鈷藍的變體葉片、虛線點成的簡單葉片等。

纏枝菊的花蕊有細方格和密布細長的圓圈兩種，纏枝菊花一般用作碗裏壁紋飾，常與纏枝牡丹相互表裏。

纏枝蓮的花瓣勾線向裏捲曲，葉則用雙勾筆法畫出，主葉葉尖向前屈曲延伸。纏枝蓮托八寶圖飾畫法較正統青花為簡，其葉形如指物之手。

主題紋飾還有：

「鴛鴦嬉荷圖」，以荷花、菰草、蓼蘭為中心，左右畫鴛鴦各一。

「獅子盤球圖」的獅子頭部鬃毛分成若干束，向上屈曲伸張，軀體健壯，勇猛威武。

「船形葉卷草紋」，卷草尖端有一船狀葉。

「荷花鴛鴦圖」、「白菜圖」等也是常見主題紋飾。

口沿裝飾較簡，一般盤、碗僅畫雙線押口弦紋，口沿外紋飾有二疊龜背紋、連續回紋、顛倒錯列「品」字心三角形紋帶、如意雲（雲脚向右）、蕉葉紋（蕉葉邊緣重筆渲染）、水波葉紋（菊葉型）。口沿內常見的有：重十字菱形紋、龍鈎形卷草紋、連弧紋等。

景泰青花中作器心紋飾的有「如意輪方旋杵」（較正統青花繁複，式樣變化很多）、海水飛魚、青花荇藻醬色釉魚紋、飛龍出水、如意雲、地皮景、菊石圖（菊花和湖石及外壁的纏枝牡丹合起來，寓意「富貴長壽」）和菰草荷花等。

碗的內壁常見圖案式折技花，作等距離排列，環內壁一周。纏枝靈芝也作器裏裝飾。

有一種葵瓣紋帶，環繞碗脛一周，個別圈足外圍加繪「龍鈎形卷草」或葵瓣花紋。

景泰青花特有的裝飾紋樣有：實心

竹竿，竹葉作蒲葵葉狀；梅花小朵，不見大朵梅花；松針球橢圓，也有一端尖一端圓的；地皮景為簡單折線加圓弧，再用鈷藍渲染，上有壯茂的蒲草叢，地皮景上出現太湖石；船形葉卷草，在卷草紋的尖端有一船形葉；二疊龜背紋；雲腳向右的如意雲；邊緣重筆渲染的蕉葉；人物畫中的左右飄拂撕破魚網狀卷雲等。

明·景泰　青花雲氣淨水碗
江西·景德鎮陶瓷館藏

明·景泰　青花蘭竹雲氣紋碗

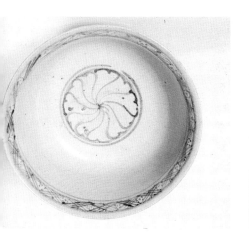

明·景泰一天順　青花人物紋碗

26

明 天順 青花瓷胎釉

天順青花的造形，紋飾都已趨向淡雅精緻，帶有明中期青花某些特徵。

胎白淨，瓷化程度好，釉質細平厚潤，釉色白度高，大多為淺鴨蛋青或略含青，另有粉白和膩白等數種。白釉器表、裏、底的釉質和釉色一致。底釉顏色一般較器身為淡，呈極淡青色或白色。底釉均相當滋潤與光潔，絕少縮釉細點。無論盤、碗均為釉底。

盤的造形以拱口為多，按足高和足深的比例有兩種類型：其一是圓唇、拱口、弧壁、圈足上豐下斂，其邊牆外壁作不同程度的向心傾斜，足深等於足高，足端露胎線平切。其二是圓唇、拱口、弧壁、足深小於足高，圈足稍稍向心傾斜，足端露胎線打磨圓熟，作「燈草梗」一圈。

碗盞以「宮碗」為主，典型的造形為撇口、弧腹、削脛，圈足邊牆下部外侈，足深等於足高，底心微凸。另外還有較多「墩子」式碗，為圓唇、直口、豐脛，足脛較大，足深較淺。另有一種「墩子」式碗則口沿微折，直壁豐脛，足深等於足高，露胎線外沿切削較重，內沿則略作修削打磨。

明・景泰一天順 青花纏枝蓮扁耳瓶
景德鎮陶瓷館藏

明・天順　青花人物圖
明・天順—成化　青花人物紋碗

27

明　天順　青花瓷紋飾

青料有進口蘇泥勃青料和國產青料兩種。鈷藍發色以靛青爲主，有濃淡區別。

裝飾風格趨向淡雅，布局疏朗。裝飾花紋表現手法寬廣，寫實的或變形的皆有。

器身主題紋飾有纏枝花、折枝花、團花、貫套環等。

纏枝花爲二方連續，常見的有蓮花和牡丹，以纏枝蓮爲多。纏枝蓮的花型有單瓣和複瓣兩種。從葉形來看，主葉誇張，托葉繁複，葉尖作單線延長如「鞭毛」狀，纏枝牡丹用淡描青花勾劃紋樣，在圖像輪廓線外塗上鈷藍作爲「地」色。

折枝花作裝飾紋樣的有折枝蓮、折枝葡萄和折枝荷花。

貫套環爲常見紋飾，作主題裝飾以二方連續圖案在碗壁外表出現。構圖則有兩種：一種是在套環末端畫一個「石榴」形頂，另一種在頂端呈「三角楓」葉片式樣。

主題紋飾還有蓮花托梵字、海水異獸、松竹梅圖、雜花圖、菊石圖、秋瓜圖、對稱蓮花圖、蓮沼魚戲圖、間以花壇的雙獅盤球圖等。

口沿紋飾有三疊龜背紋錦或多層次的龜背紋錦；海水浪花，狀如仙人掌植株；複葉卷草，大部分的侈口碗口沿以此爲飾；套疊「卍」字，利用對應字腳垂直線條，相互配合組成二至五層的邊欄；顚倒錯列「品」字心三角形紋飾帶；回紋萬字錦邊；「龍鈎式」卷草；藍地白花卷草；重十字菱形紋等。

碗脛紋飾有蓮瓣、蕉葉和變體蓮瓣等。蓮瓣的畫法正統、景泰、天順相似，計三種：瓣形削長；瓣形豐滿；重瓣，即瓣內層次重疊，多至四層。蕉葉有：舌狀蓮瓣形；狹長三角形，鋸齒邊緣，葉尖如芒刺；雙勾葵瓣邊緣，中心作蕉葉。

變體蓮瓣的特徵畫法有：雙勾輪廓內纏枝花蓮葉形花紋；直線輪廓內塗鈷藍，襯托菊葉形花紋。

器心（盤和碗心）紋飾有蝸牛、海水螺螄（運用較廣）、花壇、如意輪方旋杆（很少）、折枝蓮花（帶藤蔓卷鬚）、花鳥、牡丹山石、海水雲紋、香草龍吐雜寶等。

天順青花特有紋樣：各種團花；加藤蔓卷鬚的花卉；花壇；三疊和多疊龜背錦紋；仙人掌狀海水浪花；複葉卷草；套疊「卍」字；狹長三角形，鋸齒邊緣，葉尖如芒刺的蕉葉；外有雙勾葵瓣邊緣的蕉葉等。

明・景泰—天順　靑花松竹梅紋碗（三張）

28

明　成化　官窯青花瓷胎釉

明中期成化所製青花胎質堅緻，造形精美，紋飾典雅，以清麗輕盈爲特色，歷來爲陶瓷界推重。

成化青花按其特徵可分爲兩類：一類爲成化初年所製，從原料到工藝，從胎釉到紋飾，都與宣德官窯相似，尤其是採用了「蘇泥勃青」，青花呈色濃艷而有黑鐵斑，更難與宣德青花區分；另一類以胎薄釉白青色淡雅爲主要特徵，這類器物是成化青花的代表，用的是國產青料。

成化青花胎質潔淨，胎體輕薄，少見厚重大器。小件器物的底極薄，燒製中受熱後在重力影響下呈同心水渦狀，起伏不平。

釉有兩種，分別爲白和白中含青的兩種。釉汁肥厚，釉層中有小而密集的氣泡如雲霧狀，使釉層有玉質感。釉表極爲平滑光致，和宣德青花的厚潤見橘皮紋不同，小器的這種特徵尤爲顯著。器物底面的釉與器身一致。

器物底部有釉底和砂底兩種。有些砂底有褐黃色，俗稱「米糊底」，亦有粗細兩種。細的一種打磨極光，撫之有平滑感。大多器物爲釉底。

明·成化　青花藏文盃
香港·天民樓藏

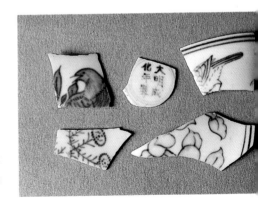

明·成化　青花藏文盃（殘片）
景德鎮明御廠窯址出土

明・成化　青花折枝花卉紋高足杯

明・成化　青花臥足碗
北京・首都博物館藏

29 | 明　成化　官窯青花瓷紋飾

成化官窯青花紋飾用雙線勾勒再填色的辦法。勾勒的線條細硬而流暢；填色時用大筆一筆填滿紋飾，已不同於永樂、宣德青花用小筆填色而濃淡相間的辦法。

成化青花瓷紋飾帶有典雅精緻的特點，常見的主題紋飾有：

花卉——包括花果、野菊、蓼花、蒲公英、纏枝靈芝、蓮花、香蓮、纏枝菊花、葵花、四季花卉等。有些器物將花卉與蟲草山石相結合。

人物——以嬰戲為多，一般畫於器物外壁，有九或十二、十四、十五、十六嬰孩在嬉戲。另有人物故事圖、仕女圖。

龍、鳳紋——龍紋有雙龍戲珠、五龍、團龍、蟠龍、玄龍、夔龍等，鳳凰紋有單獨的鳳凰紋和龍鳳紋兩種。

梵文、藏文裝飾的青花器很多，有些與花鳥配合作裝飾。

成化青花瓷中常見的紋飾還有八寶（或蓮花八寶）、蓮塘水藻、波濤海獸、豐登有餘、（畫宮燈三隻，加飾蜂、魚各三，諧音「豐登有餘」）。

花鳥，如蓮塘鷺鷥、雙鳥棲枝等。

明・成化　青花瓜藤紋碗
香港・天民樓藏

明・成化　青花夔龍高足盌
台北・故宮博物院藏

明　成化　民窰靑花瓷

成化民窰靑花帶有明中期製瓷的淸麗輕盈的特徵。

胎的瓷化程度好，很少有僵胎、窰裂等窰病，潔白而細膩。和明初民窰靑花相比，胎體明顯減薄。

釉層透明，釉質細膩，釉表不見細橘皮紋。施釉均勻。釉色一般呈淡湖水色，釉層較薄爲白色或白中泛靑，底面和圈足上端有縮釉點。

靑料爲國產的平等靑料，呈色淡雅淸麗，個別的呈色灰暗。很少有明初靑花上的黑褐色斑點。

器物品類增多，圓器足底平，施釉，少見乳釘，挖足細，足壁薄，足內壁與底面垂直或小於90°（盤類），碗類的圈足比明初略小。

紋飾採用勾勒點染和單線平塗相結合的方法。首次採用染色技術，即先用深色勾勒出紋飾輪廓，再用稍淡的靑料渲染，輪廓線以粗重爲主，也有較軟的細線條。染色靑料只有濃淡兩種色階，呈色淸麗與混濁的都有。

碗、盤外壁的主題紋飾有牡丹全株（根、莖、花、葉全，器物兩側各一株）、纏枝秋葵、四方連續纏枝菊花、纏枝蓮八寶、蓮花托八寶等。

碗、盤心的紋飾有秋色圖（秋葵和馬蘭花構成）、松竹梅山石圖（松針成圓形）、菊花（中有花心，兩重花瓣）、連理牡丹（一枝兩權，分畫兩朵花）和結帶杵等。

有些碗的內壁也加繪紋飾，有纓絡紋、纏枝花、折枝花、蓮池水藻等。

圓器類口沿大多有雙線弧紋一道，圈足根和圈足外壁各有弧紋一道，有的是器脛和圈足外壁雙線弦紋而圈足根單線弦紋。用作內外口沿邊飾的有重十字菱形錦、龜背錦、梵文、雲雷紋、卷草等。在圈足外壁雙線弦紋中見一種一花兩葉組成的蝙蝠狀二方連續紋。

成化民窰靑花上帶有時代特徵的紋飾如：纏枝靈芝、番蓮、纏枝蓮托八寶、螺旋花狀的折枝花、加並蒂蓮的荷花、藤呈彈簧狀的藤本植物、以水浪爲地的白描蓮池紋、均勻填滿空地的短小蔓草或卷葉、梵文、草龍、秋葵、三秋花卉等。

民窰靑花上的款字爲「大明成化年造」六字兩行，字體草率而不規範。字外有粗細不一的靑花雙圓，「大明年造」款常可見到，外加靑花雙圈或雙線方欄。

明・成化三年
青花法輪雲紋蓋罐
江西・省博物館藏

明・成化　青花纏枝蓮紋碗（二張）

31 明 弘治 青花瓷

弘治官窯青花傳世很少，台北故宮僅數十件，且大半是黃釉青花。品種又很單一，基本上是盌、盤之類，屬實用器具。

工藝上弘治官窯青花與成化相似。胎土純淨細膩，胎骨堅薄。釉質晶瑩，略含青綠色調。青花採用國產平等青料，和成化官窯相仿，但稍偏灰，後期更甚。淡雅的青藍中夾有少量深色斑點。紋飾以龍紋爲主，雲龍紋、珠龍紋、蓮龍紋是最習見的。同時配以朵雲、牡丹、菊花等。

黃釉青花是弘治官窯的傑出產品。弘治黃釉稱爲「嬌黃」，鮮嫩如玉，是弘治官窯瓷的代表。黃釉青花形制相同，都是一種侈口、窄唇、淺壁、矮圈足的大盤（26.1～26.5cm），是將白釉青花燒好後加施黃釉複燒而成。紋飾均爲花果紋，內壁畫石榴、葡萄，外壁畫牡丹，盤心畫玉蘭。

黃釉青花盤宣德始見生產，以後成化、弘治、正德、嘉靖官窯均出品。宣德製品共有砂底邊款和釉底底款兩式，成化見砂底邊款。弘治、正德和嘉靖則見釉底底款。

和官窯青花不同的是，弘治民窯青花豐富而多彩，釉層以肥厚爲多，有些見密集氣泡，有淡湖水青和卵白兩色，少量的灰綠釉薄而透明。

青花濃淡不等。青色濃淡和紋飾的繪製筆法有關，採用粗筆點染勾勒的呈色濃烈，採用雙勾平塗的則呈色淺淡。前種筆法弘治初較多，弘治中後期則採用新的單線平塗的筆法，有時也夾雜一些一筆勾勒點染的方法。繪畫筆法的區別可作爲判別弘治前後期的標準。

器型多樣，瓶、盤、罐、碗、香爐、淨水碗均有。斂口、鼓腹、帶底座的淨水碗，出土物頗多見，碗外壁畫水藻蓮池紋，內底畫海螺，是主要的紋飾特徵。

紋飾另有松鶴、高士、嬰戲、垂柳、牡丹、竹石、番蓮、梅花、海馬、麒麟等。畫意流動，意境高遠，有一種飄逸瀟灑、超脫塵寰的特有韻味。

景德鎮民窯生產的外青釉裏青花獅子繡球紋碗，是弘治的特有產品。

明・弘治　青花人物樓閣蓋罐
北京・首都博物館藏

明・弘治九年　青花松樹鶴鹿紋碗（二張）
南京博物院藏

明　正德　官窰青花瓷

正德官窰青花瓷上承成化而下啓嘉靖。早期青花近成化、弘治，而晚期青花又像嘉靖。典型的正德官窰青花以中期產品爲代表。

正德青花色澤呈藍灰，用的是江西端州上高縣的無名子（石子青）。青花呈色穩定，勻淨。釉面青亮，器物邊緣凝釉處因釉厚而顏色更深。釉層中有小而密集的魚子狀氣泡。

青花用雙勾平塗筆法，裝飾紋有番蓮、梅花、纏枝牡丹、轉枝花葉、蓮花、纏枝靈芝、花果（荔枝、枇杷、石榴、葡萄）、玉蘭花、龍紋、雲紋。

正德青花龍紋身細長，頭扁平如鱷魚，兇猛中見精靈。

正德官窰青花龍紋應用極爲廣泛，傳世正德器中繪龍紋的占一半以上，因紋飾繁滿，青花濃郁，龍姿雄健，呈現洶湧滂沱的氣勢。正德青花中，大量龍紋的應用除了單純的裝飾意義外，和正德朝道教盛行的社會信仰有關。人物故事圖如松下老人、淵明愛菊、高士、戲嬰等。有道教色彩的八仙、八寶圖案也有出現。

用波斯文作飾是正德青花的一大特色，器物如波斯文番蓮尊、波斯文番蓮七孔花挿、波斯文梅花罐等。反映了和伊斯蘭國家聯繫的增多和伊斯蘭文化的影響。

正德青花器的胎體一般較厚，造形精奇，器物造形追求新奇精巧，文房玩物尤多，除常見的盤、碗、杯、鍾、罐、鹵壺外，尚有渣斗、花挿、爐、花盆、尊、筆架、挿屏、墩式碗、磨盤式香盒、七孔出戟圓腹高足瓶、四方盒、四方瓶等。

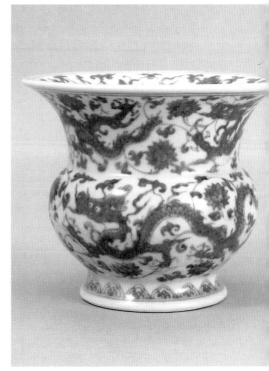

明・正德　青花龍紋渣斗
香港・天民樓藏

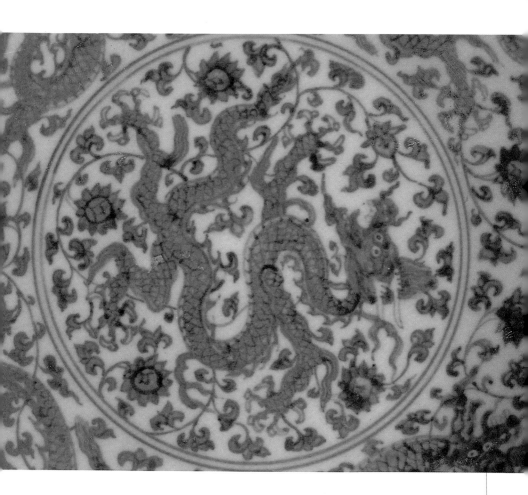

明・正德　青花穿花龍紋盤
北京・首都博物館藏

33　明　正德　民窯靑花瓷

正德民窯靑花做工粗糙，胎體笨重而且厚薄不勻，接痕明顯，碗類的底心下塌有乳丁，有放射狀跳刀痕，圈足有窯砂，露胎處見窯紅。

釉有厚薄兩種。厚釉的含微小氣泡而成乳濁狀，鴨蛋靑色。薄釉的白中泛靑。

靑料爲江西省上高縣產的土靑，稱「無名子」。呈色灰靑淡穆，少量的發色明麗而呈靛靑色。分水有濃淡兩色，淡的有混濁之感。

紋飾有單筆勾勒點染和雙勾塡色兩種，以後一種爲主。勾勒線條已逐漸工緻有力。

裝飾紋樣從繁密轉向疏朗，後期製品已不見滿塡小葉的纏枝花。紋飾中最常見的爲纏枝蓮，另有纏枝牡丹、乳虎、樹石欄杆、松下讀書、松下仕女、雙鳳、花鳥、鶴、鹿、田螺、方勝、錢紋、海濤、波斯文等。

具特徵性畫法有：牡丹花葉大而繁複如蝴蝶狀，弘治後期及正德均有；瓶罐類器物頸肩部的三階如意雲頭，中加飾花卉紋；三脚靈芝雲；波斯文；連理花卉；碗內壁的三階如意頭外滿飾滿天星狀靑花點等。

器物形制多樣，有石榴形小罐、八方罐、折沿廣腹的墩子式碗、脛部外侈的梅瓶等。

明·正德　靑花纏枝梅瓶
北京·首都博物館藏

80

　　正德開始盛行用瓷碗陪葬。近時出土繪有較爲精緻複雜紋飾的青花碗，大多畫吉祥含義的紋飾，當專爲陪葬而用。

明‧正德　青花折枝花果碗（二張）

34

明　嘉靖　官窯青花瓷

嘉靖官窯器製作精良，胎質潔淨堅緻，釉面清亮。器物的底足、接痕都打磨光整。

官窯青花用回青料，呈色藍中含紫紅，如果說永樂、宣德青花呈色幽深帶黑鐵斑以冷峻高貴見長，成化青花呈色淺淡以典雅清麗見長，那嘉靖青花呈色紫翠艷麗則以濃烈奔放見長。

嘉靖官窯青花常見主題紋飾有：

花卉紋，如纏枝番蓮、纏枝牡丹、茨菇水草、梅花、四季花卉、歲寒三友（松竹梅）、蘋果、石榴、葡萄、玉蘭、瓜瓞等。

花鳥紋，有小鳥、孔雀、雲鶴等。如青花雲鶴壽字蓋罐，器面畫雲鶴八隻，肩上四開光，各畫一「壽」字。蓋面畫朵雲紋，邊畫如意紋一周。

龍紋，出現了龍頭的正面紋飾。除了雲龍、蟠龍等以龍為單一紋飾外，還有龍與鳳共繪一器的龍鳳紋，龍與麟、鳳、龜合繪的「四靈紋」。

獸紋在嘉靖青花瓷上增多，有獅子紋、麒麟紋、羊紋、八駿紋等。其中「三羊開泰」圖在青花上首次出現。

帶有道教色彩的紋飾，是嘉靖青花瓷的一大特點，紋飾如：雲鶴「壽」字、八仙祝壽、道士煉丹、靈芝八寶、八卦圖等。

人物紋有庭院嬰戲、山水人物（羲之觀鵝、茂叔愛蓮、淵明賞菊、松下獨坐、老人垂釣、三友仕女等）。

嘉靖官窯青花的造形融合厚重古拙與清麗華美，式樣奇異多變。器物中有大至80cm的大盤，及大魚缸、大罐、大瓶等，也有小不盈握的小碟、小瓶。造形上如方杯、方碟等方稜器物的出現也是其特色。可以查考的器物品種有：盤、碟（八方碟、菊瓣口碟）、鍾（八稜鍾、蓮瓣口鍾）、杯、罐、壺、瓶（梅瓶、獸耳環瓶、蒜頭瓶、葫蘆瓶、鏤空瓶、壁瓶、筒式瓶）、爐、洗、渣斗、香鑪、尊、觚、爵、筆洗、筆架、筆盒、水丞、硯台、印盒、燈台、繡墩等。

明・嘉靖　青花八仙過海瓜稜罐
1992年　佳士得香港秋拍

明・嘉靖　青花蓮池花鳥紋瓜稜罐
香港・天民樓藏

35

明　嘉靖　民窯青花瓷

明嘉靖民窯青花所用青料有進口回青和國產土青兩種，用回青料的青花呈色幽菁泛紫，用國產土青的則青花發色趨於黑灰。

裝飾紋樣用雙勾分水畫法。雙勾線條細硬，較少圓潤流利的筆畫，亦見以較粗線條單筆勾勒的畫法。

在裝飾紋樣上，道教色彩的內容較為普遍，其中常見的如：鐵枴李煉丹圖、八仙朝聖圖、雲鶴、仙鶴、麟鹿、萬壽藤、靈芝、八卦、螭、飛龍、乳虎等。另外，以花捧吉語、鯉魚跳水、魚藻、欄杆樹石、劉海戲金蟾、蜻蜓等紋較常見。

在寫實紋樣中，有些具時代特徵。嘉靖青花的花卉葉子較小，葉脈密，形同西瓜籽。有些葉脈畫成密密的平行橫線。牡丹、芍藥、菊花的葉片似鵝掌狀。鋸齒狀葉，葉邊齒以細弧線連成。纏枝蓮的卷葉成飄動的彩帶。牡丹花瓣邊沿為小弧線連接而成，瓣內密勾莖線，似芍藥、芙蓉畫法。靈芝「菌傘」上畫網格。戲嬰圖上的小孩後腦大，穿深色衣服，有的頭上畫三撮小髮。出現纏枝或折枝的並蒂菊、並蒂牡丹和並蒂蓮。

明嘉靖民窯青花與前朝正德相比，器物造形趨向精緻，裝飾趨向多樣，在總體質量上有很大改觀。民窯生產的精品與官窯所生產已無太大差異。

嘉靖民窯製瓷胎體細白，體壁薄。釉質有的透明光亮，釉質呈灰青，有的因含微小氣泡而乳濁的釉色呈卵白色，亦見因燒製因素而呈炒米黃色。

在形制上，出現了四方罐、瓜楞方罐等造形獨特的器物。有一種深腹、侈口、鈴鐺式的薄胎小盅是當時的流行器物。嘉靖時大罐、大盤等大件器物生產較多，但製作粗糙，不注意修胎。圓器多有翹稜、夾扁狀況，底心下凹。圓器圈足內斂，薄胎小件器物圈足則矮窄而修磨圓熟。

明·嘉靖　青花藍地白花纏枝牡丹紋葫蘆瓶
江西·省博物館藏
明·嘉靖　青花連理菊花紋碗（二張）

36　明　萬曆　官窯青花瓷

明萬曆時，品質優異的浮梁縣產麻倉土已用盡，僅能以鄰縣開採的瓷土替代。因運輸不便，製造大器便用當地品質稍次的原料。

官窯青花所用青料分前後兩期。前期即萬曆二十四年前用回青，但呈色與嘉靖、隆慶青花有別，因節約原料而摻和國產石青之故，總的面目是藍中閃紫呈色明麗鮮藍無濃淡。後期用浙江料，呈色藍中帶灰但頗清亮。

器物一方面繼承了嘉靖風格，另一方面又追溯宣德的氣韻。很多青花大器都仿宣德，然稍粗糙，題萬曆官款。造形追求新奇淫巧，器物除以實用器皿為大宗外，還有瓶、爐、罐、盒、洗等陳設用瓷。

其紋飾繁滿，有的器物內外均有紋飾，創造性地將各種紋飾結合繪於一器，如龍紋與人物、梅花與魚藻、梵文與仕女，注重從純裝飾性的角度，從視覺效果來安排紋飾。

花卉花果紋有牡丹、月季、石榴、桃實、番蓮、葵花、菊花、梅花，和蓮花等。花卉紋中常夾雜有「福」、「萬」、「壽」字。

人物紋有嬰戲、仙人、仕女、高士等，配以山石、八寶、梵文、壽字、八卦文作器物的主題紋飾。帶梵文的器物在萬曆官民窯中均能見到，反映了萬曆朝篤信佛教密宗的風氣。

萬曆官窯青花瓷中小件器物製作精良，大件器物除胎土粗鬆外，製作也很草率。

明·萬曆　青花牡丹瑞獸紋葫蘆瓶
北京·首都博物館藏

明·萬曆　青花內梵文外團龍紋碗（二張）
香港·天民樓藏

37

明　萬曆　民窯靑花瓷

　　明萬曆的靑花瓷在形制、紋飾上都是明中期靑花的終結。萬曆以後的天啓、崇禎的製瓷風格有較大的變化，由平穩而入游動，由工緻而入揮灑，由宏大而入局小。

　　和正德、嘉靖相比，萬曆民窯靑花胎體趨薄，然胎薄而造形臃腫，手感上比例失調。器物製作較爲粗率，罐類底部下凸且不平整，圈足厚重且寬窄不均，露胎處見程度不同的窯紅。

　　靑料有浙江料和品質較次的幾種土靑，呈色有淸麗明亮的靛靑，也有沉悶呆滯的灰靑。

　　繪畫筆法有單線平塗和白描兩類。開始出現較多寫實紋樣。繼承正德、嘉靖靑花的傳統紋樣多有刻板感。

　　紋飾中道敎色彩題材占相當比例。常見的有：獅子穿花紋、娃娃攀花、錦紋開光、靈芝（橢圓如意形菌體，頂部或側畫竹葉四五片）、獅子繡球、花鳥紋（配以花果、山石、竹林）、團龍（鋸齒形鱗）、天宮藥鹿等。

　　器心紋飾常見的有輪葉折枝果、折枝牡丹、花籃、白兔等。萬曆靑花所特有的補白紋樣有竹枝、摺扇、折枝槐等。

　　明萬曆時開海禁，促進了瓷器的外銷，近年世界各地都發現了不少晚明靑花瓷。外銷瓷的紋飾、形制與內銷多有不同。銷往日本的被稱爲「芙蓉手」，有些題有拉丁文字的向歐洲出口的靑花稱爲「克拉克」瓷。

明・萬曆　靑花鳳凰牡丹紋瓶
北京・首都博物館藏

明・萬曆　青花花果紋瓜稜罐

明・萬曆　民窰青花紋飾（殘片）

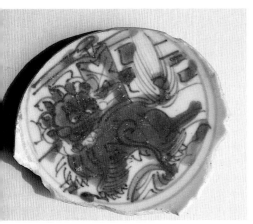
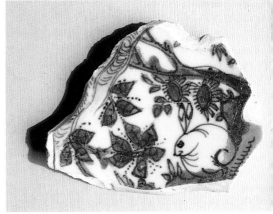

38

明　天啓　青花瓷胎釉

　　天啓製瓷有粗細兩種，胎薄爲多，過分厚重較少。天啓青花胎土較差，坯胎和釉汁的收縮率不一致，口沿出現大小不一的爆釉點。底面有針眼大小密布的縮釉點或線。

　　大部分器物釉較薄，釉色白中略帶青色，個別的釉色青灰或僵白。器物有釉底、砂底兩種，釉底居多。

　　底面中心有突起乳丁，見跳刀痕，沾有窯砂。圈足入窯前修補，有向心卷曲坍塌現象。圈足露胎線的寬窄不均，有孔隙如窯裂，早期製品中有的圈足打磨成燈草梗一周。中後期製品爲兩面相向切削或經打磨的魚背狀圈足。這時有的圓器開始用壁形底。

　　造形實用器多，小件器多，修胎粗的多，瓶類器物的接胎明顯。

　　青料以國產石子青爲主，呈色青中帶灰而淡雅沉靜。個別的濃艷青翠。青色有濃淡層次，無黑色斑疵，不見青色流散。

明・天啓元年　青花團龍紋燭台
上海博物館藏

明・萬曆—天啓
青花山水紋碗
上海博物館藏

明・萬曆—天啓
青花葡萄紋蓋罐
日本・東京國立博物館藏

91

39

明　天啓　靑花瓷紋飾

　　天啓開始，靑花紋飾完全改變了元代至宣德奠定的規整、平穩風格，明顯融入了明末繪畫放浪脫俗的審美意趣，運用變形的手法，豪放誇張的減筆寫意畫達到了反璞歸眞的境界。

　　在筆法上用單線平塗，輪廓線挺拔有力，線條首尾重疊約 2～5cm，渲染在輪廓線內外信手塗抹，大筆揮就的紋飾給人以豪放之感。

　　將各種動植物紋飾組合成有一定寓意的畫面，如：「鳴鳳在竹」、「丹鳳朝陽」、「蓮塘戲禽」、「荷花白鷺」、「古木寒鴉」、「孔雀牡丹」、「梅林雙喜」、「嘉果鳴禽」、「馬上封侯」、「獅子盤球」、「獅象麒麟」等。

　　作主題紋飾的還有花卉如牡丹、菊花、並蒂蓮、西蓮、蓮花、折枝果、靈芝、葡萄、白菜等。動物紋有火馬、海馬、白兔、老虎、鱗介、牛、貓、螭龍。人物造形洗煉簡潔。寫意山水配以詩句，蕭瑟淒涼，高士、樵夫、漁翁、牧童均入畫。

　　碗、盤心紋飾有寓意的各種題材：

　　花果——輪葉花、旋葉花、折枝花、總角花、總角果、喜花、喜果、並蒂蓮、梅枝、團花、牡丹、靈芝。

　　動物——馬、兔、鹿、螭虎龍、魚、海螺、蝦。

　　吉祥紋——靈芝托「卍」字紋（「壽」字、「喜」字），和蓮花托「卍」字（「壽」字、「喜」字）、光焰寶珠、百壽圖等。

　　博古——香爐、盆花、天香几，和雜寶等。

　　圖案紋——連環六瓣花形、六出雪花、葉紋團花、月華錦、盒子心紋等。

明・天啓　靑花人物故事蓋罐
北京・首都博物館藏

青花蓮池夏趣圖八方蓋罐（局部）
明・天啓　青花蓮池夏趣圖八方蓋罐
北京・首都博物館藏

明・天啓　青花人物鑲錫壺
北京・首都博物館藏

40　明　天啓　青花瓷特有紋飾

天啓青花（包括其他彩瓷）的特徵性紋飾，對斷代有一定的參考價值：

夢幻圖景，天啓瓷特有，人物腳下飾以練狀雲紋以示虛幻。

器心畫魚、蟹，碗心靈芝托「喜」字或「壽」字紋飾，靈芝則呈菱米狀（萬曆靈芝呈橢圓形）。

碗心蓮花托「壽」字紋飾，在蓮花左右上方伸出的變體蓮葉包圍下，有一長方形方筆「壽」字。

碗心月華錦紋飾，中心圓圈內畫一「壽」字，或在月華錦外圍以光輪。

口沿外有鋸齒狀紋飾。

花盆內置玲瓏山石伴以花草碗心紋飾。山石呈圭形或外沿用內凹圓弧連成（稱花瓣邊）。

器身滿飾方筆「壽」字。

三腳如意雲，在雲頭左右上方和雲頭下面各有雲腳向外伸出，位於盤邊牆外壁。

雙角靈芝、光焰寶珠、連環六瓣花形、葉輪團花。

八字狀樹或謂雙株樹，分椏呈八字形，兩枝對稱，右枝或站一小鳥。

細腿麋鹿，用極簡練的線條勾畫而成，如速寫。

平肩方翅飛燕，用簡練筆法繪成。

風帶八寶或謂風帶雜寶，風帶特別長，結紮書卷、珠子之類道家寶物，一般位於盤心壁。

明・天啓　青花蓮池戲禽紋碗心

明・天啓—崇禎　青花菊石蘭草紋蓋罐（二張）

95

41 明　崇禎　靑花瓷胎釉

崇禎民窰瓷由高嶺土製胎，瓷化程度好，胎質堅緻，胎體厚重居多數。

釉呈極淡卵靑色，個別的乳白色，釉質腴潤光緻，釉層較薄，有少數的釉質枯乾。少數有白色紋片的爲卵靑中含枇杷黃色。

器物口沿普通加黃釉，釉底或砂底的均有。釉底的有細小縮釉點，少見大的縮釉斑痕。有的砂底上有均勻一致的淺赭紅色「窰紅」，器物底部往往粘有窰砂。

民窰靑花用靑料有數種，「以衢，信兩郡山中者爲上料，名曰浙料；上高諸邑者爲中；豐城諸處者爲下。」（宋應星《天工開物》）日用粗瓷以豐城所產的爲主。大多數器物發色穩定，呈靛靑色，略帶幽灰，不見暈散。崇禎後期靑料加工提煉更爲細緻，使靑花色階增多，層次分明，色澤也幽菁濃翠。

器物的圈足一般較矮，足端露胎線外沿重刀切削。大碗圈足邊牆內壁有較深的「二層台」形挖足殘痕。玉璧形足扁矮，外沿重刀切削，邊線經打磨圓熟。足端露胎線瘦削的，足端內外有窰紅。釉底和未經打磨的砂底均有粗細不等的挖足旋坯痕，同時能見輻射狀疏密不等的「跳刀」痕。

器物以日用餐具爲多，有各種大小碗、盤、碟、酒杯、茶盞、壓手杯等。

崇禎民窰有一種玉璧底大碗，口沿稍薄，底部厚重。外壁題《赤壁賦》並繪「東坡夜遊圖」。玉璧底外低內高有一斜勢，圈足外上釉，整個底面露胎見整齊的旋削紋。碗心題有「崇禎年製」或「永樂年製」、「宣德年製」、「天順年製」、「成化年製」。也見碗心繪山石高士圖。

明・崇禎十六年　靑花群仙圖筆筒
上海博物館藏

96

明・崇禎　青花人物大碗
北京・首都博物館藏

明・崇禎　青花人物碗心及底面

明 崇禎 青花瓷紋飾

崇禎民窯青花的紋飾繪畫方法以單線平塗為主,線條流暢。勾線一般不超其起點(不重疊),鈷藍渲染大多超出輪廓線範圍,成圖成片而混沌淋漓,亦有的清晰明麗。在崇禎民窯青花中還有單筆點染的沒骨畫法,包括「鈎花點葉」和「鈎骨加青」等。

裝飾題材廣泛,構圖生動自然。畫法上大量採用變形誇張手段,畫風荒誕為其特色。如山水多用國畫構圖,山水紋飾中的古寺、茅屋、草亭、磚橋、扁舟、枯樹、漁翁、樵夫、高士、老人都趣味盎然,與揚州八怪的畫有異曲同工之妙。

崇禎民窯青花的特有紋飾,可作斷代的重要依據。其中如:《赤壁賦》全文並配「東坡遊赤壁圖」,蘆汀野鴨,青花釉裏紅海水鯉魚,鵝掌形(三角形)葉牡丹花,扁圓形較大的折枝果、雲脚內側加點的卍字雲,變體飛絲龍飾紋帶,雨雪松球錦紋帶,滿填藤蔓的纏枝葡萄,枯木寒鴉,盛開的蘭花花朵,串枝竹葉,短柄團花瓣,雙角靈芝等。

明‧崇禎 青花花鳥紋筆筒
北京‧首都博物館藏

明・崇禎　青花赤壁賦大碗（三張）

43 清　順治　靑花瓷

清順治所製的靑花瓷與晚明製品相似，但又開啓清代瓷的風格。

胎有粗細兩種：胎質粗的瓷化程度不好，胎骨疏鬆，為灰白色或灰黃色，胎質細的堅緻而呈白色。

釉色靑白且厚潤，後期釉色趨白且稍薄。細瓷上多見醬黃釉口，略有深淺之別。

器物以小件的日用餐具爲主，也有香爐、淨水碗、瓶、觚、壺等供器與陳設瓷。造形線條生硬簡單，修胎粗。瓶、罐類多見平底，有切削痕。碗、盤類有外高內低的玉環足，中有凹槽的雙圈足及足端修磨的「泥鰍背」深圈足三種。

用國產的石子靑，有數種呈色，從濃艷至暗淡均有。發色最好的一種靑翠明麗，稱「翠毛色」，多爲細瓷上所見，粗瓷靑色大多灰暗暈散。

紋飾有人物、雲龍、花卉、太湖石等。山水風景均用清初「四王」的披麻皴法。紋飾較刻板沉悶。較有特徵紋飾有：山石玲瓏瘦削，見稜見角，有陰陽面；芭蕉僅畫主蕉、主脈；地皮草叢均加繪小的山石；火焰紋如相連「山」字；草叢魚鱗狀；龍鳳紋留白邊。風景紋飾加繪月亮或太陽；朵雲紋外勾勒輪廓線成一白邊等。

器物上有「大清順治年製」和「順治年製」兩種年號，楷書，不工整。有的配合畫面題詩句，如「紅葉傳書信，寄於薄情人」等。祭器上多題紀年款。有的器物上題明嘉靖、萬曆年號，個別器物因筆誤而寫「大明順治年製」六字。

晚明天啓到清康熙早期，因官窯亡佚且未重建，民窯一枝獨秀，製瓷風格特殊，西方學者稱之爲過渡時期。這一時期靑花通過貿易渠道流入西方的很多，在器型、紋飾上和國內出土物多有不同，帶歐式風格。這些海外存物有兩類：一類繪有風景配以人物的紋飾，胎釉俱佳，靑花帶淡淡的紫色調，底部不施釉爲多，主要是瓶和筆筒；另一類仿明早中期官窯並題仿款，都屬非常成功的精良之作。

清・順治　青花瑞獸紋盤
香港・天民樓藏

清・順治　青花湖石紋戊子
紀年銘殘片

清　康熙　早期青花瓷

　　康熙（1662～1680）早期青花，是指康熙十九年御窰重建以前生產的器物。這時產品製作較粗率，帶有明末瓷的風格。造形厚重，底足毛糙並粘有窰砂，帶放射狀跳刀痕，露胎處有火紅色窰紅。釉混濁泛青，釉面有黑棕眼，大部分器物帶醬口，厚胎器物口部刷醬白釉。

　　具有四種基本足型：⑴「契」形底足，即外牆向心切削，內牆離心切削，圓器琢器均有。⑵外牆高，裏牆低，足端斜削，用於大碗。⑶裏牆垂直，外牆向心斜削，底部再平切，用於琢器。⑷二層台及雙庭足或是兩者兼用，圓器、琢器都有。

　　青料以國產的石子青為主，呈色灰暗。紋飾用單線平塗方法，雙勾線條粗重渾厚，塗藍處有外溢。紋飾較滿。這時另有一種特有的披麻皴法，畫法細膩，線條細而有力。

　　紋飾主要有人物、花鳥、蟲魚、景物等。出現「福」、「壽」字及吉祥圖案。器物常用纏枝松為邊飾，紋飾和題字往往結合在一起，如康熙初燒造的醬釉口青花盤，畫山石或秋葉，畫秋葉的題「梧桐一葉落，天下盡皆秋」或「梧桐葉落，天下皆秋」。筆筒大多為山水人物或景旁題字，沒有單題文字的情況。

　　器物上一般題堂名、齋名與花押，或畫秋葉、香爐等圖案，爐等祭器上則多見紀年款。

清・康熙　青花壽字瓶

清・康熙　青花釉裏紅人物紋瓶
上海博物館藏

45 清　康熙　中期官窯靑花瓷

清康熙中期（康熙十九年至四十年左右）官窯靑花是淸代的頂峰作品。

由於胎土淘煉嚴格，胎體減薄但仍有沉重感，露胎處潔白細潤，不見火石紅色。

釉有粉白和漿白兩種，粉白釉面硬度高，漿白釉面略疏鬆。有的口沿施漿白釉，醬色釉口不再出現。

器物製作工緻，底面有順時針方向的細旋紋。底足打磨後呈泥鰍背。

靑料用國產浙料，提煉極爲純淨，在畫面上可分出深淺不同的近十個層次，有水墨畫的效果，又稱「靑花五彩」。靑花發色艷麗靑翠，如寶石般的純藍色，俗稱「佛頭藍」。靑花深沉釉底，無飄浮之感。

在畫法上有了創新，採用中國工筆畫的「分水」方法，有的山水景物還採用西洋畫的透視原理。山水畫用斧劈皴，龍紋、走獸均纖髮畢現，異常兇猛。筆筒是這一時期的重要器物。有的題寫全篇文章如《滕王閣序》、《前後赤壁賦》等，有的則以靑花和胎體刻劃相合的方法裝飾。各種人物故事《三國演義》、《西廂記》、《水滸》，也是常見題材。

官窯靑花器上一般都題寫「大淸康熙年製」六字兩行楷書款，字體雄健有力。有些器物則題寫明成化、嘉靖年號款或各種圖記。

清・康熙　靑花人物筆筒

清・康熙　青花人物瓶
北京・首都博物館藏

清・康熙　青花蕉葉獸面紋洗口尊
上海文物商店藏

105

清　康熙　晚期官窰靑花瓷

康熙晚期係自康熙四十年左右至康熙朝終。

這時期的官窰靑花瓷胎體進一步變薄，瓷化程度更好，看上去堅緻細硬。釉大多數爲細潤的粉白色，有一部分則爲硬亮靑色，釉胎結合緊密異常，具玉質感。

靑花色調由早期的濃艷靑翠變爲淺淡灰暗，有的呈色不穩，其中靑白釉面的靑花多有暈散。

而紋飾在整個器物上的面積比例縮小，開了雍正紋飾風格的先河。如康熙乙未（五十四年）紀年款靑花山水鳳尾花觚，景物在器物上下各三分之一處，遠景則暈散不淸，靑花淺淡呈灰藍色，頗能代表這一時期的特徵。

在康熙晚期的器物上，「耕織圖」紋飾具有時代特徵。「耕織圖」是宮廷畫家焦秉貞於康熙三十五年受命創作的，共計四十六幅，分耕與織兩部分。康熙五十年後流傳到社會上，並應用於靑花及彩瓷上。因此凡有「耕織圖」畫面的器物，均爲康熙晚期或以後所製。

清康熙靑花上，款識有「大淸康熙年製」六字兩行與六字三行（三行的多爲民窰產品），「康熙年製」四字兩行等幾種。款字外有靑花單圈、靑花雙圈、靑花雙線方框與長方框，亦有的無圈線邊欄。另有干支紀年款、吉語佳句款。堂名、齋名的大量出現也是康熙靑花瓷的重要特點，著名的如「康熙辛亥中和堂製」、「奇玉堂製」、「穎川堂製」、「同順堂製」、「蓋友堂製」等。

康熙靑花上還有圖形款，如秋葉、梅花、團龍、團鶴、花形、物形等。

清·康熙　靑花人物筒瓶

清·康熙　靑花牡丹紋碗
香港·天民樓藏

47　清　康熙　中後期民窯靑花瓷

　　康熙中後期（康熙十九年後）民窯靑花的質量有了很大提高。器物的胎骨瓷化程度好，潔白堅緻。釉層清亮透明、色白。

　　器物製作修胎十分仔細，圓器底足增大，足端兩面向中切削並經打磨，呈「泥鰍背」，底面見極細旋紋和棕眼。瓶罐底有「雙層台」，大盤底見雙圈足。製作規整，落刀利索，琢器的接痕很小。

　　靑料因淘煉仔細，層次濃淡分明，色澤濃艷嬌翠。裝飾筆法和手段相當豐富：細線雙勾分水，分水層次多而分明；月影，即在白描紋飾周圍染淡靑料；灑藍開光，係用紙遮於開光處吹靑料於胎上，再在開光處畫靑花紋樣；或刻花堆靑釉加描靑花及白描靑花、藍地白花等。

　　裝飾紋樣有瑞獸、八駿、西湖風景、四季風光、芭蕉梧桐、垂枝梅、冰梅、朵梅、福壽葡萄、牡丹博古、草龍、人物等。康熙瓷上的梅花一般僅畫花蕊而不畫花心。

　　這一時期民窯靑花上的年號有「康熙年製」和「大清康熙年製」兩種，其中六字的排爲三行，同期官窯則以兩行爲多。堂名、齋名普遍使用，一般爲楷書，書法精良的較少。粗瓷上常見1cm見方的圖記，內有幾條直線劃成不可識之字，爲各窯的標誌。器物底部還可見到秋葉、團龍、團鶴、團螭、花形等簡單紋飾。

清・康熙　靑花海水瑞獸紋缸
景德鎮陶瓷館藏

清・康熙　青花人物盤
上海文物商店藏

清・康熙　青花花卉盤
上海文物商店藏

清　雍正　青花瓷

雍正青花的主要成就在官窯。雍正官窯青花的總體特徵是在仿明中逐漸形成自己的風格。

雍正青花的胎骨細白，器型精緻，製作規整。典型的官窯青花釉呈青白色，純淨厚潤。釉中密含氣泡，且大小氣泡混雜套疊，釉表現橘皮紋。少數青花為粉白釉，一般屬民窯作品。

青花瓷呈色有純藍、灰藍和青紫三種。青紫色的多為民窯仿明作品，灰藍色的是民窯粗器。標準的雍正官窯青花呈色極為純正，潔淨無瑕，有深淺不同色階，略見暈散。

雍正官窯青花有仿明風格和本朝風格兩類。

仿明風格的有仿永樂、仿宣德、仿成化、仿弘治、仿嘉靖、仿萬曆等作品。從作品分析，仿明早期青花基本上模仿求像，仿明中後期青花則作改造，紋飾更工緻精雅。雍正仿器製作規整，工藝水平與原作相比有過之而無不及，唯紋飾纖細與妍麗，帶有雍正瓷的特徵。

雍正仿永樂、宣德青花作品傳世很多，以盤、盌為主。仿纏枝蓮大盤、仿束蓮大盤都很相似。區別有三點：一是雍正仿圈足多圓泥鰍背，真品則較尖削；二是雍正仿品砂底見明顯旋削紋，真品則經打磨且有火石紅；三是雍正仿品在青花中重筆點染模仿鐵銹斑，分布規則且不自然，真品則黑斑分布自然，深入釉底。

雍正官窯青花的自身風格在仿明基礎上形成。以紋飾看，大件花卉紋器物以仿永樂、宣德為主，小件花卉紋飾物以仿成化、弘治青花為主，人物及動物紋青花則仿嘉靖、萬曆青花為主。也有部分作品如博古圖、山水紋等係仿康熙作品，這些基本上都屬雍正初生產。

器型圓柔纖麗、修長雋秀。燈籠尊、牛頭尊、四連瓶、賞瓶等都為新創的款式。

紋飾從花卉、八寶、八仙、梵文及各種吉祥紋為主，畫面疏朗，留白較多，既不同於康熙的恢宏大度，又不同於乾隆的繛麗豪華，以清雅妍麗為特徵。

雍正民窯青花製作稍粗，釉層厚潤泛青，有相當數量是仿明早期產品，頗有精緻生動作品。底面方形圖案標記是特徵性依據。

清・雍正　青花龍鳳大盤（二張）
北京・首都博物館藏

49 清　乾隆　靑花瓷

乾隆靑花量多質精，清中後期多有以乾隆靑花爲藍本仿製者。

胎骨精細，釉色白中微靑，氣泡細小，釉面光滑瑩亮。另有一些漿白釉和灰靑釉。

用國產靑料，早期略見暈散，稍後呈色穩定，爲純藍色。有濃淡兩種，濃重處見黑色斑點，晚期靑花較爲厚鬱深悶，無明快淸麗之感。

器物造形奇思異巧，極爲多樣。製作精緻，但線條不及雍正圓柔。因刻意追求精緻，有些堆塑粘貼的附屬飾物反有蛇足之誤。圈足圓滑，但較雍正靑花爲尖削。

繪畫筆法和雍正靑花相似，有勾勒平塗和勾勒塡色後點染兩種，分別應用於不同題材的作品上。勾勒線條平滑均勻，但缺乏力度與生氣。

紋飾縟麗繁滿，猶如織錦。在仿明宣德作品中，對原有紋飾略加改造使之程式化。如將花卉的葉子畫得一樣大小，和原作相比雖工緻有餘而趣味不足。官窰靑花紋飾內容單一，以福、祿、壽爲中心。

乾隆官窰靑花紋飾豐富，龍鳳紋、牡丹紋、花蝶紋、蓮池紋、松鹿紋、山水紋、樹石紋、雲蝠紋、壽字紋及各種人物紋，均可見到。

淸・乾隆　靑花花卉紋蒲槌瓶
香港・天民樓藏

淸・乾隆　靑花纏枝蓮紋貫耳瓶
1995年　蘇富比香港春拍目錄

112

50 清 嘉慶 青花瓷

處於清前後期轉折階段的嘉慶，官窯器中青花比例較少，以彩瓷爲主。早期青花完全是乾隆作品的再版。隨著經濟的衰退和外患的加劇，製瓷業漸走下坡，工藝上簡化，風格上俚俗，爲道光、咸豐兩朝青花的形象圈定了輪廓。

胎骨初期尚佳，以後漸粗鬆。手感較輕。修胎欠精，器物底足粗壯，但厚薄不勻。

釉有青白和漿白兩種，有逐漸變薄趨勢。個別的官窯作品釉色仍非常厚潤，狀如青玉，和雍正官窯青花非常相似。民窯器釉層均較薄。較多作品釉面見波浪痕和似蕎麥粉的斜點，俗稱「蕎麥地」。

官窯青花呈色早期和乾隆青花幾無區別，純藍而微紫但逐漸趨深，晚期的變灰，青色浮於釉面。

官窯青花瓷紋飾沿襲乾隆，花卉紋有兩種基本繪製方法，一種爲單線平塗，另一種爲單線平塗後點染，平塗時用淡筆，點染時用濃筆。後一種原是仿明初青花，但嘉慶青花上的點染方法已是十分機械的程式化工藝，和雍正、乾隆相比更缺少藝術意趣。

白描青花漸多，工緻的紋飾安排茂密縟麗，青色淡雅，頗具特色。粗陋的則紋飾簡約，畫法隨意，青色濃暗。

有些器物在勾蓮紋中繪雙勾塡色的喜字。這種裝飾流行於清後期，延至光緒、宣統都在生產，總的趨勢是越晚的喜字寫得越大。

豆青釉堆粉青花在嘉慶民窯中較爲盛行，這種堆粉青花康熙時出現，嘉慶產品堆粉較厚，使青花在白地上更加顯明。

器物形制以碗、盤、罐、盒等日用器物爲多。官窯器中執壺、四足盉、天球瓶、玉壺春瓶、節盒、觚、賞瓶等都屬清官窯傳統產品。民窯器中方形印盒、攢盤（由五個、七個或九個小盤組成）、高足盤（盤心淡描花卉紋，高足淡描芭蕉紋）、隔盤（淡描青花）等都是最常見的。

造形線條漸方折生硬，民窯青花中的六方扁瓶、八方花盆等方形器，更具這一特點。

清・嘉慶 青花雲龍紋蓋盒
1995年 蘇富比香港秋拍目錄
清・嘉慶 青花纏枝蓮托八寶紋把壺
北京・首都博物館藏
清・嘉慶 青花纏枝蓮托八寶紋爐
上海文物商店藏

51 清 道光 靑花瓷

清道光時外患日劇，至道光二十年
（1840 年）爆發第一次鴉片戰爭，戰
亂使製瓷業急走下坡，因而道光靑花
可明顯分為前後兩期。前期尚存一息
乾嘉餘韻，官窰器中規中矩，後期製
品粗俗，已少可觀之處。

胎土淘煉欠精，胎質疏鬆，胎質厚
薄不勻。異型器胎骨較厚，圓器的胎
骨稍薄。釉有靑白、白中含靑與粉白
三類，尤以粉白為多，胎釉結合差，
釉表見水波痕。民窰器則釉層厚潤靑
鬱，含極多氣泡。

靑花呈色穩定，藍中含灰是主要特
徵，缺少亮麗感。

花卉紋飾畫法以單線平塗為主，勾
勒線條均勻但缺少力度。紋飾安排妥
貼，但過於平整。官窰器中仿康熙山
水紋工緻而精美。民窰器中仿康熙刀
馬人紋飾頗多見。白描靑花仍為民窰
器的主要裝飾方法。這時流行的內靑
花外粉彩或醬釉的器物，這種靑花紋
飾一般採用白描花卉的方法。

裝飾逐漸摒棄乾隆官窰繁華縟麗的
宮廷風格，花卉紋更加圖案化。有些
器物的紋飾和北方農村的窗花相似，
質樸但有匠氣。帶日本風格的皮球花
頻被應用。生活場境如放牧、飛蝶、
山水、龍戲、嬰戲等採用新的表現形
式而重新出現，寫實而生動。

器物造形大多沿襲乾嘉舊制，如天
球瓶、玉壺春瓶、葫蘆扁瓶、直頸瓶、
賞瓶、觚、膽瓶等。造形日趨笨拙，
線條生硬，比例失調，民窰器尤甚，
漸現晚清造形特徵。

清·道光 靑花八寶紋盉
北京·首都博物館藏

清・道光　青花梵文碗
香港・天民樓藏

清・道光　青花纏枝花卉紋渣斗
香港・天民樓藏

52

清　咸豐　青花瓷

咸豐五年（1855年）景德鎮官窰毀於洪楊兵火，因此官窰青花均五年前作品，流傳很少。

官窰器胎骨較道光為細薄，製作規整，釉色淨白，釉面平滑。民窰青花胎骨厚重粗鬆，釉色青灰居多。

官窰青花呈色純正明麗，與道光的青中含灰已不同，少量的灰藍。民窰青花濃重灰青居多，在一些山水寫意的紋飾中更為明顯。細筆紋飾的青花較為純淨。

官窰青花紋飾沿襲前朝，如竹石芭蕉、雲鳳等幾無兩樣。民窰器紋飾如太獅少獅、刀馬人、山水牡丹、松鹿紋等和乾嘉民窰都很相似，但畫法簡約，造形欠準，信手塗抹，青色狼藉。紋飾有八寶、八仙、八卦、三星、三友、羅漢、生肖、福壽、博古、雲龍、雲鳳、雲蝠、雲鶴等，俗套而少新意。

造形精粗均有，官窰器如團花獸足方爐、纏枝蓮賞瓶、御廠全景斗盞等都精緻而規整。民窰器則粗壯居多，瓶類均口大頸粗，壺類則口小腹鼓，具特殊風格。

咸豐官窰民窰器均為少見，藝術上難言成就，但因其少且特殊的藝術風格，仍具收藏價值。

清・咸豐　青花竹石芭蕉紋玉壺春瓶
上海文物商店藏

清・咸豐　青花纏枝蓮紋撇口盌
香港・天民樓藏

清・咸豐　青花龍紋盌

53

清　同治　青花瓷

清同治五年（1866年）官窰重建，官窰青花的正式燒成應在此之後。傳世品中同治官窰數量超過咸豐。

官窰器胎體仍屬精細，民窰器則粗鬆厚重，大件器物尤其如此。釉色粉白居多，少數含青，民窰器則淡青或淡灰，釉層均較稀薄，有混濁之感。

青花呈色青中含灰，少數的呈色明麗。民窰器則青灰、青褐、青黑均見，濃重或淺淡均有，同治後期民窰呈色青紫飄浮。

官窰青花中題「體和殿製」款的爲慈禧專用瓷，質精且量多。紋飾有雲龍、梅竹、蘭菊、水仙、葡萄等。有一種「體和殿製」款的花卉紋盒紋飾精美，製作工緻，屬晚清官窰的代表作。官窰器中另有如青花纏枝蓮紋賞瓶、青花竹石芭蕉紋玉壺春瓶、青花纏枝蓮紋盤、青花歲寒三友圖盤等都十分精美，遠勝咸豐官窰。

民窰青花瓷以日用器皿及婚嫁瓷爲多，常見的爲筆筒、蓋罐、印盒、水盂、茶壺、燈盞、壁瓶等。紋飾有兩大類，一類爲白描青花，但勾勒線條較粗，釉面粗鬆。青花勾蓮喜字紋在瓶、罐、茶壺、盤上均可見到，「喜」字已逐漸放大，筆畫變粗。另一類爲傳統圖案，寫意畫法，榮華富貴，吉祥如意寓意的內容很多，如「馬上封侯」、「狀元及第」、「五穀豐登」及「八仙慶壽」等。

民窰器中哥釉青花和豆青釉青花頗多，都爲體形高大的瓶類，紋飾都爲雲龍、花卉、博古、雙鳳等觀賞性較強的內容。

民窰青花造形粗壯，瓶的頸部和脛部都變粗，罐的底足變大，總的來說靈秀不夠。

清・同治　青花纏枝蓮紋賞瓶
上海文物商店藏

清・同治
青花雙鳳紋盤
北京・首都博物館藏

清・同治
青花海水雲龍紋缸
1996年
佳士得香港秋拍目錄

54

清　光緒　青花瓷

光緒青花官民窰風格迥異，官窰以仿古爲主線，民窰則走商品化道路，從製瓷技術和藝術追求上，已具現代瓷特色。

官窰青花的胎土精良，細膩潔淨。民窰器粗精均有。釉色青白爲主，有一部分漿白釉，釉層薄，致使青花紋飾如浮釉面，缺少含蓄與韻味。

官窰青花有兩種發色，一種畫晚清風格的牡丹雙燕等紋飾的作品，呈色純淨細潔，不見疵瑕斑疤，略有藍灰色調，成爲光緒官窰青花特有呈色。

另一種則多見於仿古瓷或傳統產品上，呈色青中含紫，明艷亮麗，有的含小而均勻的黑點。民窰青花發色多樣，有純正的靛青，也有混濁的灰青，有些用工業鈷料的則紫而暈散飄浮。

官窰青花紋飾畫法有數種。第一種單線平塗，應用很廣，其中仿康熙的纏枝蓮紋尤多，有的作品係將傳統畫法簡化，省去點染工序，使紋飾更圖案化。第二種爲單線平塗加點染，用於仿明初青花或者說是仿清初仿品，但造形難免走樣，風格更大相逕庭。第三種是光緒時流行的畫法，筆法細膩，紋飾雋美，風格寫實，畫面清麗，在潔白瓷釉和純淨青花配合下，展示一種新的藝術境界，更突出了紋飾的「畫」的功能。

光緒時青花紋飾多樣，清代的各種傳統紋飾都能見到，但均作改造，畫法更簡單，布白更平穩，完全受圖案化程式化的支配。在青花繪製中，大多僅濃淡兩個層次。相比之下一些製作較精的民窰青花更具藝術價值，紋飾雖以傳統爲主，但布白和畫法上都已創新。

造形大多以清康熙、雍正、乾隆製品爲樣本，在器物線條的圓潤，胎體的輕薄上已超過咸豐和同治。仿前清的玉壺春瓶、天球瓶、燈籠尊、牛頭尊等雖難言亂眞，但確已軒輊難分。

民窰青花數量浩大，帽筒、香爐、烟壺、玉壺春瓶、雙耳瓶、鳥食缸，品種繁多，雖有粗精之分，但大多用筆流暢，氣韻生動，一掃咸豐、同治拘謹古板的沉悶酸腐之氣。

清‧光緒　青花海水異獸紋撇口碗

清・光緒　青花海水雲紋瓶
上海文物商店藏

55 清　宣統　青花瓷

　　宣統青花完全是光緒青花的延伸和完美。因宣統朝僅三年，作品流傳少，已日見珍貴。

　　胎骨堅緻輕薄，細膩而潔白。晚清同治、光緒、宣統三朝官窯青花相比較，同樣的器物同治厚，光緒稍薄，宣統更薄。釉層青白或白均有，以白釉為多。釉層中極少氣泡，光亮透明，與民國初瓷相仿，但宣統白釉仍含一絲青味，和民國十年後粉白有別。

　　青花呈色有兩種；一種藍中含灰，多用於民窯粗器。另一種青中含紫，明麗而艷揚，多用於官窯中的傳統作品。有部分民窯用工業鈷料，青紫色，暈散飄浮。

　　官窯青花紋飾如八卦雲鶴紋、海水瑞獸紋、團龍紋、蟲紋、壽字紋等仿清前期作品，技術上更精於同治和光緒，然精則精矣，從藝術上講已缺少創造力。作為古代官窯青花的終結，宣統青花的不凡成就已為這段光輝的歷史劃上了體面的句號。

清·宣統
青花雲鶴八卦直口碗

清・宣統　青花蠶紋壽字盤
上海文物商店藏

清・宣統　青花團龍紋盤

新仿　青花瓷辨識

以贏利爲目的仿製古瓷在清末民初已起高潮，八十年代後，仿古技術日見精湛超越前人，說亂眞並不過譽。九十年代所仿青花，漸漸滲入市場，甚至在拍賣行中頻頻出現，藏家不可不察。

但亂眞並不能成眞，仿品與原作總不同且能識別，可從幾方面入手：

青花——新仿青花已能模仿各種呈色，仿永宣的結晶暈散，仿康熙的明麗濃淡都頗相似。景德鎭尙有光緒遺存靑料，仿器發色和光緒靑花基本一致，但往往寫康熙或雍正款，反露馬脚。這是仿器通病，不按原器靑花特徵，要求刻意追摹，隨心所欲胡亂搭配，以致宣德款晚淸呈色，淸代款明代發色等。

紋飾——新仿靑花的紋飾有兩個毛病。一是拼湊，將不同時代的紋飾合繪一體，極不協調一望便知。二是繪畫技法生疏、筆力軟弱，明淸靑花無論是官民窰器，工匠的技藝都非常嫺熟，不假思索一氣呵成，筆畫圓直粗細，都是鐵畫銀鉤流暢生動。隨著科技進步，仿器在工藝上達到亂眞完全可能，但繪畫上則難臻妙境。

釉層——新仿靑花釉層或厚或薄。明初靑花釉層厚潤靑色深沉，但有些新仿的釉層稀薄，靑花浮於釉表，無含蓄之感。相反的，晚明民窰靑花釉層大多很薄，新仿的卻很厚，都屬技術上欠缺。有些整器酸洗，釉表木訥，眞品即使土蝕，也僅限局部，有明顯區別。

造形——元明淸靑花造形及胎骨特徵都具規律。新仿靑花或輕或重，拿在手中便有異樣感覺。底面和圈足毛病更大。原器底面和圈足或圓或尖都爽利乾淨，仿品則猶猶豫豫，既方又圓，不倫不類。有些仿窰紅特地刷一層棕紅釉醬，欲蓋彌彰。

劃痕——舊器傷痕緣由長期使用造成，外凸處有劃痕且方向不一。新仿靑花隨手摩擦，連下凹處都有，且劃痕方向統一。

售賣仿器的都會編故事，不諳此道往往上當，這是更高明的作僞方法。

新仿青花螭龍紋小杯
新仿青花山水紋小杯
　「養和堂製」款

新仿青花人物紋瓶
　「宣德年製」款

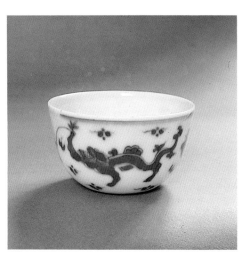

彩繪瓷

彩繪瓷是用各種顏色的釉料繪紋飾後燒製而成。紋飾有些繪於釉下，有些繪於釉上。按底釉和紋飾的上下層關係，可將彩瓷分成三大類。

釉下彩瓷——是在生坯上以釉彩繪製紋飾後施透明釉，再經 1300°C左右的高溫燒製而成。唐代長沙窯已有釉下彩出現。元代中期成熟的青花和釉裡紅是典型的釉下彩瓷。

釉上彩瓷——在已燒成的白瓷（施釉或沒有施釉的「澀胎」）上，彩繪後經700°C左右的溫度再次燒成。宋代磁州窯已有釉上紅綠彩作裝飾。明清的紅彩、綠彩、褐彩、粉彩、琺瑯彩都屬釉上彩。

釉上釉下雙層彩——是先燒成釉下彩後再在相應位置繪釉上彩，經二次燒製而成。明宣德出現的青花加彩、成化鬥彩、萬曆五彩都屬此類。

底釉有無色透明和帶一定色澤的兩種，不同色澤的底釉和三種彩瓷的裝飾方法結合起來，便變化出數以百計的彩瓷品種。

明清以來的主要彩繪瓷有：

青花類——以鈷料繪紋飾，上罩透明釉或半透明色釉。

釉裡紅類——以銅料繪紋飾，上罩透明釉或半透明色釉，和青花合繪一體的稱青花釉裡紅。

三彩和五彩——數種彩料同繪一體構成紋飾，明後期至清前期較流行。

粉彩——在彩料中摻入鉛粉繪製，康熙後期出現，流行於清代。

琺瑯彩——用琺瑯料繪製，釉彩玻璃狀，亮麗明艷，康熙後期出現，雍正和乾隆官窯琺瑯彩成就最大。

釉上釉下雙層彩——明宣德時出現，明清時基本上都是官窯作品。以成化鬥彩、萬曆五彩最著名。

元・明代初期　釉裡紅芭蕉紋水壺
日本・東京松岡美術館藏

明・萬曆　五彩百蝠紋罐
日本・東京松岡美術館藏

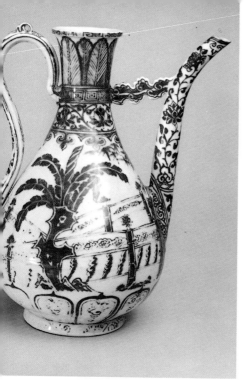

清・康熙　粉彩荷塘翠鳥圖盆
日本・東京松岡美術館藏

清・嘉慶　珊瑚紅地描金蓮葫蘆瓶
1991年　佳士得香港秋拍目錄

131

58

唐　長沙窰　釉下彩

長沙銅官窰始於唐終於五代，近年來窰址及揚州等地多有出土物。

銅官窰瓷的胎土淘洗欠精，顆粒較粗。爲了改善表面光潔度，在胎外均施護胎釉。胎骨爲灰白和灰黃，少數呈青灰色或微紅色。

用蘸釉法掛釉，器物下部有釉液下淌和流滯。有的器物釉不及底。底足均露胎。器物的內底因疊燒而露胎，釉色則以青釉帶黃爲多，另外還有白釉、醬釉、綠釉和藍釉。釉層薄而有木光。釉與胎結合好，很少脫釉。白釉的釉面有細密冰裂紋，其它釉色的則很少有開片。

釉下加彩是唐銅官窰瓷的創造和貢獻，這是一種青釉釉下彩（個別的有白釉釉下彩）。加彩以褐、綠和藍爲多，偶有紅彩和黃彩。

釉下彩繪的方法有斑塊、條塊、散點、圖案和繪畫，各種生動傳神的繪畫尤爲引人注目。

裝飾方法除以釉下彩外，還有模塑貼花和印花的方法。模塑貼花出現於中唐，貼花紋樣有和合、雙魚、葡萄、武士、蓮花太子、飛鳥、獅子。印花方法出現於晚唐，印花紋樣有飛鳥、蓮瓣、花卉、雲紋等。

器物有日用器和動物玩具兩大類。

日用器的坯胎以輪製爲主，器物的耳、流、柄等附件以單模或分模壓製，少數手捏。造形的綜合特點是前期豐滿而後期雋麗，色彩前期濃烈而後期淡雅。

動物玩具有獸類、禽類及魚、龜，長、寬、高均3寸左右。器身都鏤有一對圓孔，可以吹響，大多帶底座或提樑把手。

銅官窰瓷上有釉彩題寫的文字。內容或詩，或句，或紀年，或商業文字。以毛筆彩釉題寫於器腹的詩句，是一種新的裝飾手法，也爲瓷器銘文的題寫創造了一種新的形式。

唐·長沙窰　黃釉鐵繪鳥紋碗
日本·東京國立博物館藏

唐·長沙窰　青釉四繫蓋罐
江西·省博物館藏

唐·長沙窰　黃釉鐵繪飛鳥紋水壺
東京·久保惣記念美術財團藏

59

宋　北方　彩繪瓷

宋代時北方經濟活躍，瓷業生產非常發達，窯址遍及河南、河北的廣大地區，青瓷和彩瓷是兩個主要品種。

宋代北方生產彩瓷影響最大的是磁州窯，包括河北省磁縣觀台鎮、彭城鎮為中心的眾多窯場。磁州窯的歷史可追溯到北朝，在宋元時最興盛燒製白瓷黑瓷及彩繪瓷，彩瓷尤具特色。

磁州彩瓷的胎為黃白色，較疏鬆。釉層瑩潤潔白。器多為碗、瓶、枕、壺等日用品。

器表裝飾方法繁多，有白釉綠斑、白釉紅綠彩、白釉黑彩、白釉褐彩、剔花等品種，最具表現能力的是黑彩和褐彩。

磁州窯的彩繪紋飾大多取自民間，如馬戲、龍戲、嬰戲之類。另一重要題材是詩文、民諺、警語、詞牌，書寫時筆畫流動圓潤，一氣呵成，反映了宋人書法的真貌。

工藝製作上更為複雜的是剔花，在胎體上施白色化妝土，再用黑料彩繪並用尖器畫葉脈和輪廓露出白色，上透明釉後入窯燒成。紋飾造形簡單，線條健拔有力，像北方農村剪紙。

磁州窯的紅綠彩釉彩鮮麗，在素胎上彩繪後入窯復燒而成，這種方法在明清彩瓷上得到繼承和推廣。

除磁州窯外，宋代北方生產彩瓷的重要窯場很多，且成就巨大。

扒村窯，在河南禹縣，生產釉下黑彩。胎深灰或黃白，乳黃釉，黑彩濃厚，用筆簡練，畫面粗獷。

登封窯，在河南登封縣，生產黑彩和褐彩等品種，最著名的是珍珠地畫花。工藝上是在灰白胎上施化妝土，模印珍珠大小的圓圈為地，再畫花罩釉後燒成，屬珍貴品種。

介休窯，在山西，除黑彩外，另有深淺咖啡色、黑褐色和橘紅色，彩釉厚而堆起，鮮艷而濃烈。

北宋・磁州窯／登封窯　白地刻花牡丹枕
上海博物館藏

宋・磁州窯　紅綠彩芍藥紋碗
東京・出光美術館藏

60 元　釉裡紅

釉裡紅是在胎上以銅料畫紋飾，罩以透明釉後經高溫燒製而成。釉裡紅與青花瓷除釉彩顏色不同外，在製作工藝上和裝飾方法上都基本一致。

釉裡紅瓷是一類瓷的總稱，可分為單純的釉裡紅瓷、青花釉裡紅瓷、釉裡紅加彩瓷等幾類。

釉裡紅有兩種基本的裝飾方法，第一種是線描，即以釉裡紅線繪各種紋飾。大部分釉裡紅器都是這種裝飾方法。第二種是以釉裡紅成塊、成片地表現圖案，或塗抹圖案以外的地位，如江蘇出土的釉裡紅地白龍紋蓋罐。

釉裡紅成熟於元代中期。1979年，江西豐城發現了四件出土於景德鎮的青花釉裡紅器。其中有青花釉裡紅樓閣式穀倉、塔式四靈蓋罐及兩件釉裡紅俑。這四件器物上有「至元戊寅」(1338) 紀年銘。這是現在知道的唯一帶紀年的元代釉裡紅器。因為釉裡紅燒成難度大，故產量低，傳世少，除了上述至元四年的四件元釉裡紅器外，國內僅有零星出土，國外僅菲律賓出土一批元代釉裡紅器，世界上一些著名博物館和私人亦有少量收藏。

元釉裡紅的呈色大多為灰黑，很少有純正的鮮紅色，線條也常見暈散，沒有濃淡不等的幾個色階。

元代釉裡紅同青花一樣，有大型器物和小型器物兩大類，除上述出土的大件釉裡紅器外，東南亞發現了一些小罐、小碗。這些器物紋飾都比較簡單，有纏枝牡丹、纏枝蓮、纏枝靈芝、草葉紋等。器物的造形與同類的青花器幾乎完全一致，紋飾亦有許多相似之處，一般來說略為簡單一些。

近年發現的一些元代影青釉裡紅器物，說明釉裡紅由影青瓷脫胎而來，這和青花的出現經歷了相同的過程。

元　釉裡紅花卉紋高足轉杯
江西・高安博物館藏

元　釉裡紅花鳥紋大罐
江西・高安博物館藏

61 明 釉裡紅

　　釉裡紅技術在明洪武時方臻成熟，能自如地運用線描方法繪製紋飾。

　　洪武釉裡紅除個別鮮紅外，大多呈色偏灰偏褐，有的則呈黑紅色，稱為釉裡黑或釉裡灰。紋飾多有暈散。

　　裝飾以線描為主，已不見元代釉裡紅的大塊紅色為飾的方法。紋飾繪製都非常生動，粗細有致，點染塗抹一氣呵成。紋飾較多使用以扁菊為主的花卉紋，另有纏枝牡丹、折枝牡丹、纏枝蓮等。纏枝菊紋作主題紋飾是洪武釉裡紅的重要時代特徵。在洪武釉裡紅器上偶見松竹梅、庭院、飛鳳等。

　　器物有不少是大型器，隨著認識的深入，近年來發現不少大型洪武釉裡紅器，如高達一尺的釉裡紅壺，徑一尺半的大盤等。這些巨型釉裡紅器裝飾方法與同期青花相似，器身分成幾個裝飾帶分別繪製，氣勢宏大。

　　明洪武大型釉裡紅器存世僅50件左右，極為珍稀，1989年蘇富比倫敦拍賣會一件直徑42cm的大碗，創下2035萬港幣的高價。

　　近年景德鎮御器廠遺址發現了一批永樂釉裡紅，器物有龍紋海水龍和波濤三魚高足杯、松竹梅長方筆盒、纏枝牡丹紋大香爐、龍紋大碗等。這些器物以造形和紋飾來看，更接近宣德而與洪武有明顯差異。

　　宣德釉裡紅瓷數量與品種都有大幅度增加，分為釉裡紅和青花釉裡紅兩大類。

　　宣德釉裡紅器的裝飾方法有三種：

　　其一為圖案形狀整塊塗抹，如三魚紋和三果（蘋果、石榴、桃）紋。

　　其二為胎體刻劃圖案紋飾後用釉裡紅覆蓋，如宣德釉裡紅海獸紋錐花蓮子碗。

　　其三為毛筆勾勒花紋，如宣德釉裡紅纏枝花冲耳三足爐。

　　宣德以後，釉裡紅在成化朝一度生產，作品有釉裡紅三魚盤、釉裡紅九龍瓶等，其中九龍瓶瓶體畫鮮紅龍九條，姿態各異，隙地略飾雲紋，是不可再得的稀世孤品。

　　成化以後釉裡紅被釉上紅彩替代，已難覓踪影。

明・洪武　釉裡紅纏枝菊紋玉壺春瓶
1987年　蘇富比香港春拍
拍出價：1122萬港幣　日本・松岡美術館現藏

明・洪武　釉裡紅牡丹紋稜口大盤（殘片）
口徑：42cm

明・洪武　釉裡紅折枝牡丹紋稜口大盤
1986年　蘇富比香港秋拍
拍出價：1034萬港幣

清代釉裡紅呈不同程度的紫色，不同於明釉裡紅的艷紅，同時和青花一樣有濃淡層次，清代除傳統的釉裡紅與青花釉裡紅以外，還出現色地釉裡紅、釉裡紅加彩等新品種。

康熙釉裡紅色調濃艷鮮亮，有不同的濃淡層次，其中仿明宣德製品十分神似，但呈色趨紫。

雍正時釉裡紅稱為「寶燒紅」，大部分器物採用輕勾淡描的手法，以淡雅取勝。青花釉裡紅在色彩設計上有新意；青花鮮亮，濃淡不一，時有暈散；釉裡紅淡描畫面輕盈灑脫，器物胎質堅緻，胎色潔白，釉層肥厚溫潤，使器物顯得清雅高古。

乾隆釉裡紅瓷呈色艷麗而有深淺不同的層次。地釉較薄，夾雜灰點。紋飾線條清晰，圖案已程式化。常見器型有團螭、團夔、鳳凰牡丹紋方瓶、折枝花果或竹石芭蕉玉壺春瓶、雲龍或龍鳳膽瓶、雲龍或雲蝠天球瓶、雲蝠茶壺，及一些小件器皿。

乾隆製黃釉青花釉裡紅是以黃釉作地，器物有黃釉青花釉裡紅花紋扁瓶等，官窰或民窰均有。豆青釉地青花釉裡紅，繪青花釉裡紅松鹿紋，一般為民窰器。

天藍釉地青花釉裡紅，藍釉有深淺之分。淺者呈天藍，其中釉色混濁的又稱「磚藍」。藍釉開光的有些繪青花釉裡紅松鶴紋。此外乾隆釉裡紅還有同釉裡黑相結合的，如以釉裡紅繪龍紋，以釉裡黑繪烏雲等。

清代中後期釉裡紅製作已走下坡，除一些仿乾隆產品外，很少是新的品種，呈色濃淡不勻。嘉道以後民窰產品數量也已減少，以青花釉裡紅大盤為多，唯發色趨灰，當年風光難再。

清・雍正　青花釉裡紅八仙紋大碗殘片
雍正官窰青花釉裡紅胎白釉清，青花翠麗紅色紫艷，瓷中絕品。

清・乾隆　釉裡紅螭龍紋葫蘆瓶
1990年　蘇富比香港春拍
拍出價：319萬港幣

明　釉上紅彩

　　釉上紅彩瓷是在燒成的白瓷上繪紅釉再次燒烤而成。文獻記載明初洪武「五色花」瓷即彩瓷，無實物佐證。

　　1964年，南京明故宮遺址發現一件紅彩雲龍紋盤（殘存半隻）。這一件器物胎土細膩，釉如凝脂，邊牆內外畫紅彩雲龍各兩條，內外紋飾完全重疊，內底中心有流雲三朶，雲勢作逆時針走向，品字形排列。經陶瓷專家王志敏先生考證後，確定爲明洪武官窰產品。

　　永樂的釉上紅彩原無傳世品。1984年，在景德鎮官窰遺址永樂後期地層內出土了兩件，爲礬紅雲鳳紋直壁碗和礬紅雲龍直壁碗。其中雲鳳紋碗爲直壁，圈足，內外施甜白釉，足內滿釉，外壁繪雲鳳及變體蓮瓣紋，口沿及圈足有紅彩弦紋四道。就釉上紅彩而言，較上述洪武官窰器爲差。

　　明代歷朝都有釉上紅彩瓷出品，但嘉靖以後單純的釉上紅彩較爲少見。明中期的正德的釉上紅彩頗爲引人注目。如正德紅釉花果盤，侈口窄唇，淺壁，矮圈足，胎骨稍厚。器物外壁畫紅彩折枝桃子，石榴花果各兩株，其口足分飾紅線四道。盤內壁則無紋飾，底有紅釉「正德年製」四字。另有相同款式的波斯文盤、靈芝盤等。

明・洪武　釉上紅彩龍紋盤（殘片）
南京博物館藏

明・宣德　紅彩纏枝八吉祥三足爐
河北省博物館藏

明　色釉釉上彩

明代燒成了甜白、霽紅、霽藍、嬌黃等色釉瓷,這樣就能在各種色釉上加彩,開拓了釉上彩瓷的新領域。

宣德彩瓷空前發展,已形成或孕育著明代彩瓷的全部品種,色釉釉上彩瓷便是在這時成熟的。

霽青加彩器是在霽青底上用綠彩加飾,如霽青綠彩蓮塘游魚八寸盤。

弘治的黃釉加彩是明代色釉釉上彩瓷中的著名品種。弘治黃釉是以鐵爲著色劑的低溫鉛釉,色彩淡而嬌嫩,稱爲「嬌黃」。又因釉是澆在瓷胎上的,亦稱「澆黃」。弘治黃釉的釉色好而呈色穩定,歷來評價極高。弘治黃釉透明度好,適宜在胎下雕刻各種花紋。傳世的弘治黃釉加彩器很少,且都是黃釉加綠彩。

正德朝的嬌黃釉綠彩器比弘治明顯增加。其中大多數器物的基本特徵是外壁嬌黃釉畫花加塡綠彩,內壁白釉無紋飾,少數全器均施黃釉。

正德官窯有一種藍地三彩,器物如藍地三彩番蓮花盆。

嘉靖色釉釉上彩除黃釉綠彩外,另有綠釉黃彩與紅釉黃彩兩種。其裝飾方法與黃釉綠彩器基本相似,是在胎上刻製暗花後加塡彩色。

萬曆的釉上彩器有嬌黃綠彩、嬌黃三彩、綠地紫彩等幾種。嬌黃三彩的裝飾方法除底釉不同外,與白釉三彩沒有什麼區別。

明代色釉釉上彩有兩個特點:一是大多在白釉(或澀胎)底上加彩,色釉施於紋飾外,也有一些嬌黃加釉以嬌黃爲底彩;二是基本都採取刻劃紋飾後塡彩的方法。

明‧嘉靖　黃地綠彩鳳凰紋方斗杯
台北‧故宮博物院藏

65 明　宣德　靑花加彩

靑花加彩瓷最早出現於明宣德，有「靑花紅彩」、「靑花黃綠彩」，和「靑花五彩」三種。

宣德靑花紅彩是將釉下靑花和釉上礬紅同施於一器，傳世品有靑花紅彩花卉高足鍾、靑花紅彩海獸高足杯、靑花紅彩海濤龍紋碗等。

宣德靑花雙彩傳世器物有靑花加彩游魚盤，盤爲侈口窄唇，淺壁，矮圈足。盤心畫靑花番蓮一枝，邊飾雙靑線，外面靑花勾勒波濤紋，加塡綠彩，分飾黃彩游魚六尾。底面靑花雙圈內有「大明宣德年製」六字。

宣德五彩（靑花五彩）文獻上早有記載，但未見實物。1985年在西藏地區發現了兩件宣德官窰靑花五彩蓮池鴛鴦紋碗。這兩隻碗造形秀麗，腹部較瘦，接近永樂形制。碗上用蘇泥勃靑，有明顯的黑斑和流散現象。

碗口內壁爲一周靑花藏文吉祥語，字體工整挺秀。外壁口沿至上腹部爲一周靑花雲龍紋，邊飾以下爲主題紋飾蓮池鴛鴦、蘆葦、慈菇、浮萍。鴛鴦採用了釉下靑花與釉上五彩拼合完成圖案的鬥彩工藝。器物製作工緻精美，華貴與典雅更勝成化鬥彩一籌。

稍後在1988年，景德鎭明代御器廠遺址的宣德堆積層又發現了數件宣德鬥彩，其中有一件鬥彩蓮池鴛鴦紋撇口盤。這些標本在風格上同西藏發現的兩件相同。

宣德靑花五彩的釉上彩裝飾方法有兩種：一種爲釉下靑花勾勒輪廓後釉上塡色，如上述器物中雄鴛鴦的翅及身上的扇形羽毛；另一種爲在釉下刻劃輪廓後釉上塡色，輪廓處釉厚而稍深，如同色釉彩勾勒的輪廓。前一種方法發展爲成化鬥彩，後一種方法發展爲嘉靖和萬曆的五彩。

明·宣德　靑花紅彩海水龍紋碗
北京·故宮博物院藏

明·宣德　靑花描紅纏枝花卉紋高足盌
1992年　佳士得香港秋拍
拍出價：64萬7千港幣

明·宣德　靑花五彩蓮池鴛鴦盤（殘片）
景德鎭明官窰遺址出土，同樣紋飾的碗曾在西藏發現兩枚，都屬稀世之珍。

66

明　成化　靑花加彩——鬥彩

成化鬥彩屬靑花五彩的一種，在靑花輪廓線內塡彩，紋飾由釉下靑花和釉上彩拼合而成。

成化鬥彩所用的釉上彩有鮮紅、油紅、嬌黃、鵝黃、杏黃、蜜蠟黃、薑黃、深綠、淺綠、松綠、深紫、姹紫、孔雀藍、孔雀綠等。一般器物上用三至六種。

繪製時採用單線平塗的方法，紋飾不分陰陽面。畫花卉時「花無陰面，葉無反側」；畫人物衣紋表裏不分。

成化瓷的裝飾紋樣均輕盈淸麗，以淡雅的靑花畫輪廓後再塡彩色，紋飾有人物、海水龍紋、鴛鴦蓮池、花鳥、子母雞、蜂蝶、瓜果、山石樹木、蔓草、團花等。

成化鬥彩多爲小件器物，典型器物有撇口把杯、高士杯、三秋杯、嬰戲杯、葡萄杯、高足杯、雞缸杯、天字罐、扁罐、膽瓶、碗等。

成化鬥彩瓷因其物精而量稀，價值爲古今瓷器之冠。故明嘉靖即有仿製品。延至民國初仿器仍不斷出現。仿器有題成化款和本朝款兩種。有仿得成功的，但更多是粗製濫造的，以致紋飾呆滯，色彩黯淡，胎體粗糙，釉色乾枯，總的來說都無法達到成化鬥彩的淸麗奪目的神韻。

淸乾隆時所仿的雞缸杯底足有篆款「大淸乾隆仿古」，以後晚淸則有仿乾隆的雞缸杯。

明・成化　鬥彩龍紋「天」字罐
日本・東京國立博物館藏

明・成化　鬥彩雞缸杯
日本・東京梅澤紀念館藏

147

67

明後期　青花加彩——嘉靖、萬曆的五彩

明後期嘉靖開始，瓷上裝飾改變了成化以來以淡雅爲特點的風格，趨向艷麗濃鬱，嘉靖、萬曆的青花五彩更體現了這種特色，風格上趨向粗放，器型上趨向厚重，釉彩上趨向濃艷。

釉上彩在釉下刻劃紋飾後或釉上彩勾勒紋飾後填色，不同於成化鬥彩的釉下青花勾勒紋飾而釉上填色。

嘉靖青花五彩器的色彩有其特點：其一，所用青花爲回青料，呈色青中含紫；其二，青花色在裝飾中比重下降，僅作爲一種顏色而加以使用，改變明早中期青花五彩中以青花爲主體的特點；其三，釉上彩中紅色多，畫面濃艷而暴烈。

嘉靖青花五彩中有一些用成化鬥彩方法製作的作品。

青花鬥彩花果淺盤，侈口，矮壁，凸底，淺圈足，俗稱雞心盤。薄胎白釉，碗心畫青花牡丹及彩畫菊花各一朵，外壁彩畫石榴及小花各六折枝。

萬曆青花五彩的圖案花紋密布，色彩艷麗。這時的五彩青花除釉下青花外，上加紅、紫、淡綠、深綠、黃、褐等色，在器物上多用鮮明的紅色。萬曆五彩器物器形大小兼備。大器如魚缸、瓷墩、大盤；小器如鳥食盒、筆管、筆架等。有些器物造形奇特，新穎精巧，是萬曆五彩的一大特色。

天啓製五彩紅色遍及器身，日本稱「赤繪」。明中後期的青花加彩有些專爲出口貿易燒製，以各種人物紋爲多，在中近東地區藏有不少大型器。

明・萬曆　青花五彩龍鳳紋葵花式洗
台北・鴻禧美術館藏

明・萬曆
青花五彩魚藻紋盆
日本・東京富士美術館藏

明・萬曆
青花五彩花鳥蓮池紋瓶
日本・東京富士美術館藏

　　康熙青花加彩裝飾方法有兩大類：

　　(一)青花不作勾勒輪廓線用，僅作爲一種色彩來繪紋飾。早期製品釉色濃艷而紋飾繁密如萬曆五彩，中後期製品釉色清雅而紋飾疏朗。

　　(二)青花勾勒輪廓線後填彩，即爲鬥彩。和成化鬥彩相比，由於勾勒的青花也分濃淡層次，因而更具表現力。這時所製鬥彩均不加粉質，有較強的透明度，康熙製鬥彩十二月花卉紋瓷杯堪稱其代表作。

　　雍正青花加彩瓷主要爲仿明成化產品，以清麗秀媚見長。器物以淡的青料勾出紋飾輪廓線，填上淡雅彩釉，填彩很少越出輪廓線。這些器物有的寫成化款，有的寫本朝款。雍正官窯所製淡描青花瓷，以後常被加彩而充雍正鬥彩。

　　乾隆青花加彩有兩種：一種是傳統的仿成化鬥彩工藝，另一種是在青花上加粉彩或金彩。乾隆鬥彩的紋飾趨向圖案化，帶有織錦風格。由於技術的進步，已能燒製大型器物，如大天球瓶、魚缸、繡墩、大盤、大罐等。

　　嘉慶至清末，器物大多沿襲乾隆舊制，鬥彩器物有花卉紋扁瓶、瓜蝶紋罐、並蒂蓮紋碗、鴛鴦紋碗、寶相花紋盤、壽桃紋盤等。以工藝看，晚清器物有不少精品，但風格陳舊爲其不足之處。

清・雍正　鬥彩祥雲紋水丞
1996年　佳士得香港春拍目錄

清・乾隆　鬪彩瑞菓紋雙耳扁瓶
東京・出光美術館藏

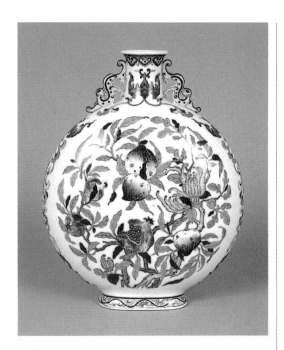

清・雍正　鬪彩束蓮紋鉢
日本・東京國立博物館藏

69

清　釉上五彩

清初康熙燒成了釉上藍彩和黑彩，這種藍彩比釉下彩的青花更爲濃艷，黑彩則黑亮如漆。這樣康熙五彩改變了過去釉上五彩與釉下青花相結合的方法，單純以釉上五彩繪製畫面，燒製便捷，效果良好。

康熙五彩又稱硬彩，係相對於粉彩的「軟彩」而言。採用勾勒塡彩的方法，彩色無濃淡陰陽之分。這時使用明代留下的舊彩料，色彩保持了明代特徵。康熙五彩上的釉料，看上去有堅硬之感，這是「硬彩」名稱的一種來歷。釉面上均有閃幻變化的「蛤蜊光」，釉彩之外的白地上有彩虹似的光暈。

康熙五彩紋飾的造形注意準確與傳神，與明代五彩只注意色彩，不講究造形的風格有別。在施釉上大部分較明代勻薄。前期用焦墨勾勒輪廓，線條遒勁；後期用油墨勾勒輪廓，線條圓熟。早期製品人物在畫面中比例較大；晚期的則人物纖小，面部僅勾勒不塡彩。

康熙五彩有白地和色地兩種。在傳世的康熙五彩中，官窰出品僅有碗和盤之類的小件器物，色彩艷麗的大件器物一般爲民窰產品。器物底足內題「大明成化年製」，或畫秋葉、鐘鼎的大多是康熙中後期產品。

雍正五彩的釉色淡雅，白地五彩釉面的硬亮青釉光滑肥潤。繪畫筆法纖細圓柔，畫法上吸收了粉彩的多層次的方法。紋飾由繁入簡。官窰五彩胎骨潔白堅細，修胎規整似琺瑯彩。

雍正後期至乾隆，五彩已被粉彩代替，乾隆以後五彩偶有生產但少見精品。晚清光緒仿製的康熙五彩取得一定成就。晚清景德鎮藝人創造的淺絳彩是對釉上五彩的發展，注重畫意，色彩調和，有不少好的作品傳世。

清・雍正　五彩纏枝葫蘆紋碗
北京・故宮博物院藏

清・康熙　五彩花鳥碟
1996年　佳士得香港秋拍目錄

70

唐 三彩（附）

唐三彩是一種彩釉陶，將釉彩塗抹揮灑於器物之上，經高溫燒融後，釉彩流淌交融，呈現五彩繽紛的瑰麗畫面，是盛唐繁華富足的社會生活的縮影。唐三彩的釉彩技術又逐漸衍生出遼宋三彩、明清三彩和琉璃琺華，對中國彩瓷的發展起了很重要的作用。

唐三彩在七世紀中開始出現，至八世紀中已經衰退，前後不足百年。唐三彩的主要用途是作隨葬明器，其興盛和衰退和葬俗的演化有密切聯繫。

唐三彩器型繁多，分爲雕塑類和器皿類兩部分。

雕塑類如武士俑（天王俑）、文官俑、鎮墓獸、女侍俑、男侍俑、馬、駱駝、雞、鴨及各種模型。唐三彩首先是非常成功的雕塑作品，精緻而傳神反映了中國雕塑的風格和特點：武士俑威武勇猛，文官俑謙和靜穆、鎮墓獸的兇殘猙獰，都栩栩如生。更爲難得的是各式女俑，初期女俑作品清秀俊俏，衣衫華美，有曹衣出水神韻，後期女俑作品豐頰碩體，裙袍飄拂，具吳帶當風艷容。

器皿除碗盤外，還有各式瓶、爐、燈、壺。造形汲取了金銀琉璃竹木的精華，和同時代的陶瓷器相比，款式更多樣。有些器物吸收了伊斯蘭藝術的風格，無論是器型還是紋飾，都看得出波斯文化的影響。

唐三彩的突出成績是在於釉彩的瑰麗。唐三彩的基本釉色有黃、白、綠三色，八世紀初出現藍色。這幾種基本色的交融搭配，產生了極爲豐富的色彩組合。

唐三彩在清末才被發現，剛露面即引起轟動，中外藏家爭相收藏，不久便有仿製。在早年收藏的唐三彩中，有眞品，但也有當年複製修整的贋品或半眞半假的作品，這些作品的眞僞已較難確定。

近年來唐三彩作爲新工藝品而大量生產，時代特徵也較明顯，主要可歸納爲：

唐三彩胎土紅或土黃色，新仿的灰白或白色；

唐三彩胎骨沉重壓手，新仿的輕盈飄浮；

唐三彩釉彩塗抹而成，有刷絲痕和疏漏，新仿的釉彩噴射而成，均勻且無疏漏；

唐三彩的釉表有邊角上翹的細密開片，新仿的僅見大塊冰裂紋；

唐三彩採用模印加手捏的方法，形狀各異，新仿的統一模型灌漿，千件一式。

但作爲家居裝飾，新仿唐三彩仍有很好的欣賞價值。

唐　三彩馬
東京・松岡美術館藏

71

遼　三彩・宋　三彩・金　三彩

三彩技術在唐代成熟。三彩通過釉彩的交融流淌，組成了艷麗變幻的畫面。遼、宋時，繼承唐三彩的技術，生產出富有新意的遼三彩、宋三彩和金三彩。

遼代是北方游牧民族建立的地方政權，相當於中原的五代後期（十世紀初）。遼國不斷進犯中原，帶回中原工匠，製成的陶瓷稱遼瓷，具濃郁的地方特色，遼三彩是其重要品種。

遼三彩在今內蒙的赤峰、林東和河北的門頭溝一帶均有生產。粗鬆的粉紅色陶胎，外有化妝土。胎上刻劃紋飾後填彩，從出土物看，有官民窰之分。官窰三彩釉色艷麗光亮。民窰三彩則稍灰暗，且多見剝落。

宋三彩則生產於中國北方的廣大地區，大多是枕、瓶、盤等日用器皿。宋三彩瓶最多的是花瓣形，長頸，圓腹，高足。腹部刻花填彩，筆法粗獷，釉色青翠，充滿農村的泥土氣息。宋三彩枕製作精細，長方形、翹首形等幾種，枕面、枕側刻人物紋或詩句，施釉以綠爲主，成爲非常有特色的宋三彩作品。

十一世紀時，女眞族遷都燕京後，大定年間生產的三彩器稱金三彩。

金三彩在河北曲陽定窰等地生產，做工精緻，造形規整，工藝水平超過宋三彩。金三彩的胎表有一層很厚的化妝土，使三彩釉更亮麗明亮。器物有瓶、枕等，金三彩枕尤爲精彩。

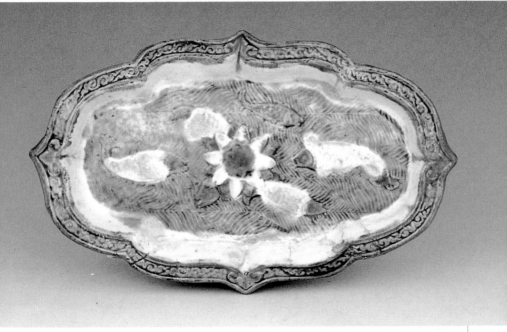

遼 三彩蓮花游魚紋八曲長盤
東京・國立博物館藏

金・磁州窯 三彩花口瓶
東京・出光美術館藏

遼 三彩蓮花游魚紋八曲長盤
東京・富士美術館藏

157

72

明 三彩

三彩又稱素三彩,是流行於明、清的一種彩繪瓷。

素三彩先在胎上刻製、模印或堆貼紋飾,然後在紋飾的相應部位填色,其彩色以黃、綠、紫爲主,少用紅色,素淨而莊重,所以稱素三彩。

素三彩明中期出現:

正德官窯有素三彩產品,傳世有三彩花果盤、三彩海水蟾蜍洗、三彩纏枝蓮長方水仙盆、天藍地三彩番蓮花盆等,均題「正德年製」四字官款,其中以天藍地三彩水仙盆最具特色。

嘉靖三彩有兩種:一種器型較小的杯盌,在白釉上加繪三彩。如三彩雙龍杯高僅4.6cm,以紅彩勾勒,加填綠彩,精緻小巧;另一類器型較大,胎骨粗重,釉層厚鬱,彩色素淨。大件素三彩在澀胎上加彩,胎釉結合差有剝釉現象。器物見蓋罐、繡墩、鼎爐、花觚等。

萬曆三彩有白地三彩和色地三彩。萬曆官窯白地三彩如三彩花卉盤,盌心和外壁均加繪三彩。色地三彩品種較多,如三彩靈芝八寶盤、三彩雲龍花果碟等。紋飾有彩畫和胎上刻劃後填彩兩種,地釉有黃釉、綠釉和淺紫釉等幾種。黃釉地的紋飾單純採用釉上彩畫的方法,胎體刻劃後填彩的爲綠釉地和淡紫釉地。

近年在發掘明十三陵地宮中,發現數件萬曆官窯素三彩。器物有三彩人物紋花觚、三彩螭足爐等。螭足爐黃釉爲地,螭飾藍、綠、紫三色。三足由三螭首構成,仰首透雕、螭尾上卷成爐耳。構思巧妙,製作精緻,爲明代後期的官窯珍品。

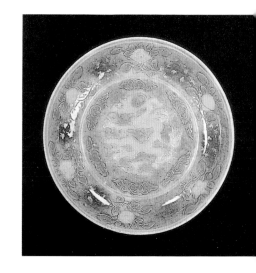

明・萬曆 紫地三彩花果雲龍紋盤
台北・故宮博物院藏

明・正德　素三彩纏枝花紋高足碗
北京・故宮博物院藏

73

清 三彩

三彩在清康熙時已衍生出許多新的品種,不但有釉上三彩,還有釉下三彩;不但有釉彩裝飾方法,還有以胎體刻劃和釉彩描繪結合的裝飾方法。

清代三彩的主要品種有:

白地三彩,以素白器爲底,刻出紋飾後繪黃、綠、紫三彩圖案,另見藍、黑、紅彩繪,較少。

色地三彩,在胎上刻紋飾後加彩,釉面肥潤,紋飾層次分明。地色及釉彩均爲低溫含鉛釉,釉面硬度高,有光暈。有黃地、綠地、米地、紫地等。

黃地紫綠彩,是清代各期的傳統產品,器物以盤爲主,一般在外壁繪三彩葡萄、雲鶴、朶花、蟠螭,盤內刻龍紋並塡紫綠彩。底有青花或紫釉題款,款上施黃釉,款字顏色深沉。

墨地三彩,單純以釉上彩裝飾,地釉先施綠釉後再加黑釉,釉上紋飾以紫黑釉勾勒後塡黃、綠、紫、白色。有的在墨地開光中繪白地三彩。黑地三彩清末民初多有仿製。

虎皮三彩,以黃、綠、紫三色釉相間點染,燒製中自然暈散成不規則的虎皮狀斑塊。胎質堅緻而沉重,釉面光亮變幻,清末民初的仿製品則彩斑呆滯。常見器物有盤、碗及福、祿、壽三星等。

三彩瓷塑,有三星、佛像、八仙、觀音、東方朔、魁星、獸、禽及「福」、「祿」、「壽」字形壺。康熙年間製品胎質緊密,造形生動,晚清製品則較粗糙。

清・康熙　黃地三彩丹鳳長圓盒
北京・故宮博物院藏

清・康熙　黃地三彩雲龍紋花卉盤
北京・故宮博物院藏

粉彩是在琺瑯彩的基礎上創造的。

粉彩是在釉彩中滲入了粉質,產生乳濁現象,使色彩有柔和淡雅之感,其色澤也呈現淡紅、淡綠等清麗的風格,與康熙五彩即硬彩完全不同,故又稱軟彩。

粉彩的出現,使彩繪瓷表現技法更加多樣完備,釉彩呈色更艷麗悅目,進入全新的階段。

粉彩是在素胎上勾出圖案的輪廓,然後在輪廓內填上一層玻璃白鉛粉,加彩後用水或油渲染,使顏色分成深淺不同的層次。這種方法使畫面更生動,彌補康熙五彩單線平塗的刻板與單調。釉彩中粉質的比重不同,創造了很多中間色調,就使釉彩顏色的種類比康熙五彩增加很多,增強了藝術效果。

康熙粉彩的紋飾和施彩風格古樸,色彩仍很濃重帶有康熙五彩的韻味。有些器物的形制和紋飾與康熙青花頗為相似。早期粉彩在施釉上僅用於圖案的個別部分,大多仍襲用五彩的方法。如康熙官窰粉彩花卉盤上的紅花用單一胭脂紅,白花則用粉質釉料。

康熙粉彩多為小器。署官窰款的很少;有些器物題明年號款,如「大明成化年製」六字。

清‧康熙　粉彩花卉紋盤
北京‧故宮博物院藏

清·康熙　粉彩鍾馗像
北京·故宮博物院藏

75

清　雍正　粉彩

雍正粉彩進入了成熟時期。

雍正粉彩採用了國畫中花卉的沒骨畫法，所繪花鳥草蟲濃淡相間，層次清晰，嬌艷柔美，栩栩如生。其精者做到「花有露珠，蝶有茸毛」程度。

雍正粉彩裝飾圖案有花鳥、人物、山水等。其中尤以花卉為主，可以充分發揮渲染的特長。盤、碗之類採用過枝花裝飾，花紋由外壁向上延伸，越過器物口沿延伸到器裏，構成一幅完整的畫面，構思巧妙而新穎。

雍正粉彩除白地加彩外，還有色地加彩的，如珊瑚紅地、淡綠地、醬地、墨地、木理紋開光等。故宮舊藏雍正珊瑚紅地粉彩牡丹紋雙耳穿帶瓶，極為艷麗華貴，反映了雍正粉彩的風格和水平。

雍正粉彩之精美，與雍正白瓷的潔白精緻不無關係。雍正白瓷由於含鐵量低，因而白度極高，加上釉汁勻淨，潔潤如玉，因而為裝飾提供了基礎。

清・雍正　粉彩八桃紋大盤（正・反）
1994年　佳士得香港春拍目錄

清　乾隆　粉彩

粉彩發展至乾隆進入黃金時代。

乾隆粉彩品種除白地粉彩和色地粉彩外，還有與釉下青花結合的青花粉彩。有些器物將青釉、哥釉、色釉、青花、粉彩合爲一體，實已達到製瓷工藝的巔峯。

雍正粉彩雋永清麗，以白地爲多。乾隆粉彩豪華富麗，以色地爲多。地色如黃、紅、紫、綠、金、藍等呈色各異，深淺不等，爲創作五彩繽紛的粉彩提供了基礎。

彩色絢麗甜美是乾隆粉彩的特點，乾隆官窯粉彩九桃瓶上的紋飾繪製精到，桃枝、桃葉、桃實，無不鮮嫩欲滴，繪畫技巧高超，釉彩釉色的瑰麗，實是千古絕唱。

乾隆官窯粉彩中，大量運用金彩，或繪紋飾，或飾邊線，金彩呈色飽滿，黃中泛紅，金碧輝煌。乾隆以後雖見金彩，但淡薄蒼白，已無乾隆金彩的神釆。

乾隆粉彩上運用了「軋道」工藝，在器物局部或全器色地上刻劃纖細的花紋，然後加繪各式圖案。這種工藝難度大且費工，但看上去富麗堂皇，故有「錦上添花」之稱。

乾隆時的粉彩器的內面及底足常施綠釉，其中內面爲淡綠釉，底面爲綠釉。綠色淺淺而閃黃，表面有小皺紋。胎釉結合牢固，極少剝落。綠裡粉釉中，以金線勾繪紋飾輪廓或在口足塗金者爲精品。嘉慶以後所製則綠色深重，多見剝落。

乾隆官窯粉彩款式都屬奇思異巧，轉心瓶、壁瓶、套瓶、七孔花插、鏤空冠架、轉心冠架等，實已是技巧的衒示。典型器物如百花尊、九桃天球瓶、人物紋大魚缸、花卉方瓶、花卉橄欖瓶、花蝶活環壺、番蓮把壺、人物雞缸杯、久安圖雙聯蓋罐。另有粉彩鼻烟壺、搬指、火鏈袋等各式小玩意，都竭盡精美與富麗，小不盈握，製作規整，釉色鮮麗，令人愛不釋手。

乾隆民窯粉彩有粗、細兩種。民窯中有大量的粗粉彩瓶、罐、盤、碗、杯、碟及文具。過粗之器稱爲「糙粉彩」。民窯粉彩雖沒有官窯的繁華似錦，但也中規中矩，一些精美者雖乾嘉官窯也不能比肩。「乾隆工」爲中華五千年工藝之絕頂，名實相符。

清·乾隆　粉彩蓮池鷺紋瓶
日本·出光美術館藏

處於清中期的嘉慶、道光，國力由盛而衰，影響和制約了瓷業。嘉道粉彩總體上是對乾隆粉彩的模仿，不乏精品。

嘉慶早期官窰粉彩，如無款識，很難與乾隆作品加以區分。嘉慶官窰中的黃地粉彩花卉大盤、黃地粉彩開光題詩茶壺、粉彩百子圖盌、粉彩人物紋筆筒等，仍見乾隆遺風。

嘉慶粉彩在發展中，也形成自己的風格，如果說雍正粉彩如大家閨秀，乾隆粉彩如貴婦皇妃，那麼嘉慶粉彩更像小家碧玉，恬靜而平和。

代表嘉慶粉彩特色的，是百花紋，花團錦簇，追求近乎村俗的富貴與繁華，雖無深沉的藝術意境，也無高超的技巧手法，却能賞心悅目，和中國人富貴祥和的人生追求合韻合轍。

以胭脂紅地彩繪或胭脂紅地開光，在嘉慶粉彩上廣泛運用。這種裝飾方法爲清後期粉彩廣泛採用。

清·嘉慶　粉彩黃地纏枝花卉壯罐
1992年　佳士得香港秋拍目錄

清·嘉慶　粉彩萬花紋長頸瓶
1994年　佳士得香港春拍目錄

78

清　道光　粉彩

道光粉彩有白地和色地兩種。和乾隆、嘉慶相比,白地粉彩的器物增多,這種情況尤以民窯粉彩為顯著。

道光的白地粉彩在風格和技法上脫胎於乾隆、嘉慶粉彩,畫面追求紋飾的繁華和釉彩的瑰麗。釉彩的豐富加強了道光白地粉彩的表現能力,單綠彩就有松石綠、湖水綠、草綠、翠綠之分,其它如粉紅、石青、鵝黃、雪青、淡褐都色澤明麗。

在清麗淡雅上,道光青花和雍正青花有相通的藝術追求,但雍正粉彩展示的是典雅之美,道光粉彩呈現的是素淨之美,後者更帶平民化傾向。

色地粉彩仍屬道光官窯粉彩主流。傳統的軋道開光粉彩、色地粉彩等仍見生產,唯釉彩已略粗鬆。一些黃地或紅地的粉彩花卉盌,係仿康熙琺瑯彩,造形圓柔,艷麗華貴,是非常成功的作品。

清‧道光　粉彩紅地開光嬰戲撇口尊
1992年　佳士得香港秋拍目錄
拍出價:3萬8千5百港幣

清‧道光　粉彩鍾馗灑降福圖酒杯一對

清‧道光　黃地粉彩纏枝花卉碗

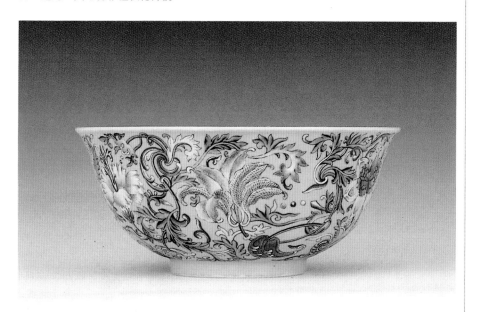

清‧道光　粉彩花果蓋杯
1992年　佳士得香港秋拍目錄
拍出價：10萬4千5百港幣

79

清　咸豐　粉彩

清咸豐後期至同治前期,官窯一度
停燒,兩朝粉彩風格亦見很大轉變。

咸豐官窯粉彩有黃地粉彩、紫地粉
彩、藍地粉彩等色地青花,也有白地
粉彩。色地開光粉彩是常見的裝飾方
法。綠裡粉彩多見,綠釉稍深而沉著。

紋飾有傳統的龍鳳、博古、壽星、
人物、花卉等內容。人物紋繪製精細,
穿紅著綠,加繪金彩,但形態憨厚稚
拙,頭大身小不成比例。衣飾如戲劇
人物。花卉紋纖麗高雅釉彩明亮。

咸豐官窯的粉彩花鳥方瓶屬典型器
物。造形線條稍硬,頸部四圓形開光,
腹部四長方形開光,內皆白地彩繪花
鳥,代表咸豐初官窯的製作水平。

清・咸豐　粉彩花鳥方瓶
台北・故宮博物院藏

清・咸豐　粉彩開光人物雙耳大瓶
上海文物商店藏

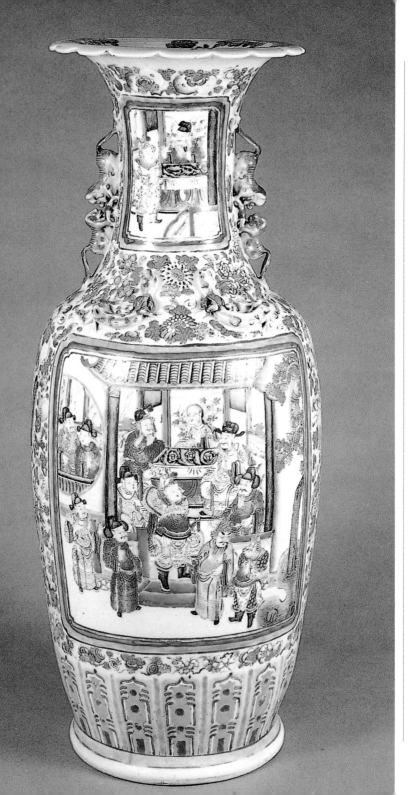

80 | 清　同治　粉彩

　　清同治官窰粉彩有過兩次大規模燒製，一次是同治帝大婚訂燒器物，主要爲黃地粉彩，紋飾有萬壽無疆、喜雀登梅等。另一次是慈禧專用瓷，在同治、光緒間均有生產。同治年間生產款識有「大雅齋」、「體和殿製」和「長春同慶」幾項。「大雅齋」款的光緒朝間也有生產。

　　咸豐、同治間民窰粉彩一直十分活躍，數量浩大，精粗均有，除少量陳設瓷外，大部分屬日用器皿，如碗、碟、罐、盆之類。這時民窰粉彩的粉質已由稀薄變爲厚重，色澤由濃艷趨向淡雅，在粉彩上加飾金彩是咸豐、同治粉彩上常見的裝飾方法。

清・同治　黃地粉彩蝴蝶紋碗

清・同治　**黃地粉彩梅鵲圖碗**
台北・故宮博物院藏

清・同治　**粉彩花鳥印泥盒**

晚清粉彩數量浩大，官民窰均有非常成功的作品。

光緒粉彩色澤清麗，粉質減少，柔和淡雅成爲主要特點。

晚清很多官窰作品採用官搭民燒辦法製成，除落款外，已難以區分孰官孰民。有些質量較次，明顯屬於民窰器的也具「大清光緒年製」官款。因此對晚清瓷的價值評判，單就官民窰爲主要標準，已失去了原有的意義。

專爲慈禧定製的「大雅齋」瓷，屬典型的官窰器。因委託民間生產，實際燒製中就難以控制，尤其在晚清政治腐敗，皇權鬆弛的情況下，署「大雅齋」款的必有不少流入民間，而其質量不遜於貢品，當然也有粗製濫造之作。

官窰粉彩以白地粉彩爲多，紋飾以散落有致的圖案爲主，內容如百蝶、百蝠、百鹿、龍鳳、牡丹、萬壽。人物紋有仕女、嬰戲等。

民窰粉彩多爲杯、盤、碗、碟等日用器，精粗不一，有的粉彩作品胎白形正，釉彩純淨明麗，畫工淡雅飄逸，精美但無艷俗之氣，十分可愛。

清・光緒　粉彩百蝶瓶
台北・故宮博物院藏

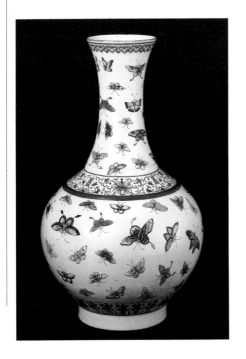

清・光緒　粉彩裡外蓮塘紋對碗

清・光緒　粉彩龍鳳紋盤
上海文物商店藏

82 清　宣統　粉彩

　　宣統官窯粉彩在風格上難以與光緒相區別，僅有更爲成熟的感覺。光緒後期成立官營的瓷業公司，宣統時已具一定規模。產品有兩種，一種是傳統產品，另一種工藝上有所革新，用筆和渲染已開民國瓷之先。傳統產品在製作水平上甚至超過光緒，器型規整，紋飾端麗，釉彩光艷，傳世的宣統款粉彩都有這一特點。

　　晚清粉彩生產中，更爲活躍的是民窯。民窯淺絳彩，釉質稀薄，清淡柔和，更迎合文人的口味，迅速流行並風靡一時，成爲晚清瓷中非常耀眼的明星。

清・宣統　粉彩雲蝠紋賞瓶
上海文物商店藏

清・宣統　粉彩八吉祥盤

清・宣統　粉彩八寶盤
台北・故宮博物院藏

83 清　康熙　琺瑯彩

　　琺瑯是一種玻璃質，加入各種金屬氧化物，經800℃左右的溫度燒烤後會呈現各種顏色。琺瑯在明初永樂時傳入，當時用於銅器裝飾，以景泰時燒成的寶石藍色最好，故稱景泰藍。

　　康熙後期吸收了西洋瓷的畫琺瑯的做法，發展成琺瑯彩這一新品種，又稱「瓷胎畫琺瑯」或料彩，西方稱之為「薔薇彩瓷」。琺瑯彩至嘉慶初停止生產，清末民初又有仿清三朝的產品出現。琺瑯彩瓷是專為宮廷生產的珍品，數量稀少。

　　康熙尚處於試驗階段，在玻璃、陶、瓷上均有作品，但大多採用景德鎮燒製的細白瓷。故宮舊藏宜興紫砂胎琺瑯彩茶具，如茶壺、茶盤等，深沉的紫紅胎上彩繪明艷的琺瑯彩，將古雅樸拙和奢華亮麗融為一體，充溢著高貴的皇家氣息。

　　琺瑯彩釉色有多種，包括白色、月白色、黃色、淺綠色、深綠色、淺藍色、深藍色、松黃色、黑色、亮青色、秋香色、淡松黃綠色、藕荷色、深葡萄色、青銅色、胭脂紅色等。康熙琺瑯彩的釉質都極為純淨，厚而堆起。底釉釉面有極細冰裂紋。

　　康熙琺瑯彩有碗、盤、杯、碟、盒、壺、瓶等小件器物，製作時用彩料鋪地，有黃、藍、紅、綠、紫諸色。在色地上再用彩料作畫。紋飾多為寫生或圖案式的花卉，如牡丹、月季、蓮等。花卉採用沒骨畫法，先以彩料勾勒後渲染，雍容華貴。

　　康熙琺瑯彩器上的年號有「康熙御製」和「康熙年製」兩種，一般用粉紅、天青、湖水、紫、藍琺瑯料題寫，也有用青花題寫或刻製。

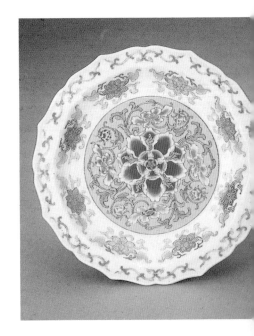

清・康熙　琺瑯彩花卉葵花式盤
台北・故宮博物院藏

清・康熙　紅地琺瑯彩牡丹紋盌
台北・故宮博物院藏

清・康熙　黃地琺瑯彩牡丹紋盌
台北・故宮博物院藏

84 清　雍正　琺瑯彩

清雍正時煉出了國產的琺瑯彩料，除原有的幾種顏色外，又新增「軟白色、秋香色、淺松色、黃綠色、藕荷色、淺綠色、深葡萄色、青銅色、松黃色」九種，都亮麗光鮮。

雍正瓷胎以潔白如玉而獨步清代，優異的胎骨加上明艷的釉彩，使雍正琺瑯彩取得非凡的成就。

雍正琺瑯彩有少量沿襲康熙時以釉彩鋪地的方法，更多的是在白釉素瓷上作畫。紋飾打破圖案化的局限，取材廣泛，有花鳥、竹石、山水等，追求的是優雅端莊的宮廷畫風格。畫上配以相應的題句，書法也極其精妙。畫法精緻入微，山之皴法，水之波紋，鳥獸羽毛，花葉芒刺，都清晰可辨。

器物都為日用的盤、碟、碗、杯、壺之類，似不見陳設器，這是雍正琺瑯彩器型的一個特點。有的碗、盤等器物外壁用綠、黃色作地，內壁白地彩繪。雍正水墨和藍彩的山水琺瑯彩相當精美。這時的製品中還有墨地琺瑯彩。

雍正琺瑯彩瓷有：「雍正年製」和「大清雍正年製」藍琺瑯彩款、「雍正年製」洋紅楷書方款、「大清雍正年製」青花款等幾種。

清・雍正　琺瑯彩紅地開光花卉杯
台北・故宮博物院藏

清・雍正　琺瑯彩喜報雙安把壺
台北・故宮博物院藏

清・雍正　琺瑯彩竹雀圖盌
台北・故宮博物院藏

清・雍正　琺瑯彩梅竹先春盤
台北・故宮博物院藏

清・雍正　琺瑯彩洋紅地梅竹先春碗
台北・故宮博物院藏

85

清　乾隆　琺瑯彩

琺瑯彩艷麗的釉色在乾隆時得到了極致的發揮。故宮藏品中，乾隆琺瑯彩日用器已非主流，更多的是瓶觚等陳設瓷和牙籤筒等玩物，無不盡善盡美，譽為鬼斧神工並不為過。

乾隆琺瑯彩瓷用清宮造辦處庫存的上等填白（又作甜白）瓷作胎，有的白瓷胎上還有暗花。這時琺瑯彩採用軋道工藝，即在器物局部或全體色地上刻劃纖細的花紋，然後再加繪各色圖案，另有一種「錦上添花」在錦地開光內繪山水、花鳥、人物，題乾隆御製詩。這些裝飾方法都使器物富麗華麗之極。

乾隆琺瑯彩的裝飾技法多樣，有白地的也有色地的，有些器物則外壁用色地琺瑯彩，內壁用白地琺瑯彩。

裝飾紋樣有圖案性質的花卉紋和繪畫性質的山水、人物、花鳥紋。畫面比雍正豐滿厚實，處處顯示出對完美的追求。除傳統裝飾紋樣外，還大量吸收了西方油畫的技法，因此這些琺瑯彩又稱洋彩。題材出現「聖經」故事、西洋美女、天使、嬰兒、風景等西洋畫的內容。

乾隆琺瑯彩有「乾隆年製」四字藍琺瑯彩楷款、「乾隆年製」篆體雙線方邊楷款、篆書「大清乾隆年製」六字紅色或青色方形無邊線款。

雍正、乾隆琺瑯彩瓷的題詩上有朱文或白文的胭脂水或抹紅印章。這些印章的文字都和畫面的內容及詩句相配合，如「金成」、「旭映」用於黃紅秋花；「彬然」、「君子」用於畫竹；「先春」用於畫梅；「鳳彩」用於鳳及鳥類；「佳麗」用於牡丹、玫瑰、月季等花卉；而「壽如」、「山高」、「水長」用於山水等。

晚清和民國初，仿琺瑯彩題「古月軒」款，但乾隆琺瑯彩並無此款，因當時並無實物對照，全憑臆造，真偽可立辨。

清·乾隆　番蓮蕉葉觚

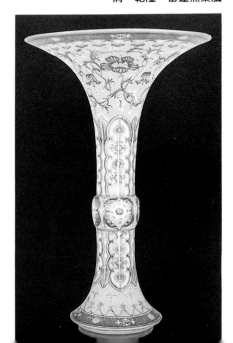

清・乾隆　十八羅漢膽瓶　　　　　　　清・乾隆　天仙梅壽膽瓶

清・乾隆　折枝花卉瓶　　　　　　　　清・乾隆　戲嬰圖貫耳小瓶

86

晚清　慈禧瓷

慈禧專權後，燒製了相當數量的瓷器供自己賞玩，因而慈禧瓷無論在性質上還是在品質上，都是當時的官窯瓷。慈禧用瓷都題有她在宮內居住過的殿室名，如長春宮、儲秀宮、體和殿等。

❶「儲秀宮製」

「儲秀宮製」款的器物以大盤、魚缸、瓶或其它陳設瓷為主，有青花、粉彩、暗紋素三彩等釉色。這些器物是儲秀宮內的供奉器物，製作尤為精良。器物上所題「儲秀宮製」四字有紅釉和青花兩種，字體挺勁雋秀，確是官窯上品。器物以傳世品的青花色澤看，似大多為同治時所製。

❷「大雅齋」

「大雅齋」款的器物畫面上同時描有「天地一家春」橢圓形印章或篆字款。器物有白地粉彩或色地粉彩。色地的以黃、綠、藍、紅、紫、雪青等粉彩為地，用藍白琺瑯質釉料彩繪紋飾，內容有鸚鵡、藤蘿花等花鳥畫。器物見瓶、尊、觚、盒、侈斗、蓋碗、盤、碗等。大魚缸做得相當精美，造形各異。花盆有大小不一的規格，盆托又可作水仙盆。「大雅齋」瓷在同治、光緒時均有生產。

❸「長春同慶」和「永慶長春」

器物有「萬壽無疆」茶具、粉彩山水盤、粉彩蓋盒等陳設瓷。題上「長春」字樣的，顯然與慈禧曾住在長春宮有關。這類器物應為同治後期至光緒早期的產品。

❹「體和殿製」

而「體和殿製」款瓷有青花、粉彩（黃地粉彩或綠地粉彩）、墨彩、暗花黃釉、五彩、藍釉加彩等，紋飾以各式花卉為主。器物有大魚缸、各式花盆和圓形捧盒等。體和殿是慈禧住儲秀宮時的用膳之處。

以「大雅齋」為代表的慈禧瓷引起了收藏家的興趣，需求量增加，這就出現大量仿製品，其中有些是專門用作外銷的。仿製品以陳設瓷為主，與原物相比，製作粗率，釉色灰暗，紋飾與落款也欠工緻。

清·同治　藍釉粉彩「大雅齋」款水仙盆
北京·故宮博物院藏

清·同治　黃地粉彩「長春同慶」款蓋盌
北京·故宮博物院藏

87

民國　洪憲瓷

民國初年袁世凱稱帝時用「洪憲」年號，袁氏所定製的瓷器稱洪憲瓷，是引起藏家的濃厚興趣的一個品種。

傳世的洪憲瓷，共有「居仁堂」、「居仁堂製」、「洪憲年製」和「洪憲御製」幾類題款。題居仁堂款有眞有僞，題洪憲年號則均爲托名之作。

居仁堂是中南海殿名，1912～1916年袁世凱稱帝前爲總統府。這一時期袁所定製的總統府用瓷，題有「居仁堂」三字篆書款。故宮博物院所藏胭脂紫地軋道開光粉彩餐具，外繪山水紋，裏心繪有雲鶴七夕圖，有盆、盤、碗、杯、盅、匙等，可能是屬於這一時期的產品。

據文獻記載，1916年郭葆昌在江西督陶，曾經燒製仿古琺瑯彩瓷百枚左右，題「居仁堂」三字紅色篆書款，目前幾已絕迹。國內藏有仿乾隆靑花琺瑯彩山水人物雙耳罐，題「居仁堂製」四字方形篆書款，一般認爲是眞洪憲瓷。

1916年後在景德鎮一些製瓷名匠作品上，也有「居仁堂製」四字款，其質量並不遜於1916年的眞洪憲瓷，但在工藝上卻與民國初年的製品不同。

1916年或1916年前所製洪憲瓷帶有明顯晚淸瓷的痕迹。其題材爲康熙、雍正、乾隆三朝常見的紋飾，如山水、花鳥、亭台樓閣等，另有寓意國泰民安、三綱五常的人物圖。

稍後於1916年的仿製品在工藝上較難同眞洪憲瓷加以鑒別。一般認爲畫有花開富貴、福祿壽星、民間故事、兒童戲樂等仕庶所喜愛的題材，或有歌功頌德的題句，屬贋品可能性大。

1916～1920年間生產的仿洪憲瓷，其時代特徵較爲明顯，大多數是白地粉彩，器物胎白釉淨，無橘皮紋，彩色明艷豐滿。在畫法上，其人物面部有陰陽塊面，花卉用沒骨法，器物成對，畫面左右對稱。這些器物雖爲托古而製，但在當時仍爲上乘之作。

民國初　胭脂開光粉彩人物紋碗
北京・故宮博物院藏

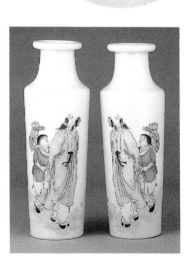

民國　粉彩花鳥紋水丞

民國　劉雨岑作粉彩人物對瓶

88

淺絳彩

中國畫有淺絳山水一法，係在水墨勾勒皴染的基礎上施淡赭石和淺綠、花青等淡彩。清後期嘉慶、道光始出現以淺絳法畫瓷，晚清時較盛行，民國以後失傳。

淺絳彩瓷上的黑色由鈷料和鉛粉混合而成，稱「粉料」，能呈現濃淡不等的幾個色階，與水墨畫相似。釉彩中除淡赭外，還有水綠、草綠、淡藍等色，用釉彩在瓷胎上直接繪製，無渲染且釉層薄。

淺絳彩的題材多借鑒宋元以來的名畫稿樣，包括山水、人物、花鳥、魚蟲、走獸等，與傳統彩瓷的裝飾性紋樣不同。

晚清同治、光緒年間最著名的淺絳彩畫師爲王廷佐、金品卿、程門和汪友棠等數人。

王廷佐字少維，安徽涇縣人，以畫猴、人物、山水見長，曾供職於御窰廠，活躍在同治、光緒之際。

金品卿名浩，號稱品潔居士、寒峰山人，安徽黟縣人。曾供職於御窰廠，與王少維並稱御廠兩枝筆。長於淺絳山水和花鳥，山水仿南宋名家及明人沈石田，花鳥學新羅山人一派。

程門又名增培，字松生，號雪笠、笠道人，工花卉山水。其子程言、程榮同爲淺絳彩瓷畫大家。程言爲程門長子，號次笠，善畫花鳥、人物。程榮亦作程盈，程門次子，字小松，工仕女而風神映麗。

安徽黟縣人汪棣（汪友棠）在清末民初是十分活躍的瓷畫高手，作品工緻狂逸的均有，傳世作品有金彩、淺絳彩和粉彩數類，以山水爲主兼有花鳥，屬書畫俱精的瓷畫大師。因名聲過大，傳世作品中多有托名之作。

淺絳彩在清末民初風行一時，日用瓷上也均以淺絳彩爲飾，當然品位高下相距甚遠。由於淺絳彩容易磨損，民國以後即逐漸消失。

民國　淺絳彩山水紋瓷板

清・光緒　汪友棠作「淺絳彩山水」紋筆筒

民國　淺絳彩山水酒杯

89　新粉彩

民國初出現的新粉彩採用傳統粉彩畫法，在題材上則多取法歷代名畫。淺絳彩畫師都有較高的文化素養，作品淡雅如文人畫。新粉彩的畫師都出身藝匠，以工見長，作品濃艷俏麗，更符合市民的欣賞習慣。

新粉彩瓷畫的先行者是汪曉棠和潘匋宇。他們均成名於民國初年。汪和潘的新粉彩瓷畫成名影響了整個景德鎮的瓷畫風格，許多高匠都轉向畫新粉彩。二十年代後期，汪、潘均英年早逝。1928年由王琦倡導八位新粉彩瓷畫的高手組織月圓會，也稱「珠山八友」或「八大名家」。

新粉彩瓷畫與傳統粉彩相比，更接近畫。作品無論在造形、線條、光線、色彩等方面都吸取了近代畫的營養，是畫於瓷上的「瓷畫」。

新粉彩全盛期在1912～40年間。

第一代新粉彩畫師是潘匋宇和汪曉棠。潘是江西鄱陽人，民國初曾任江西省立甲種窯業學校圖畫教師。汪曉棠名汪隸，又名汪隸華，號龍山樵子，早年有不少淺絳彩作品，傳為袁世凱畫洪憲瓷。

第二代新粉彩畫師是被稱為「珠山八友」的以王琦為首的十位畫師（詳見「珠山八友」條）。

第三代新粉彩畫師活躍於三十年代以後，有的到五六十年代仍在創作，大多師承「珠山八友」。有汪大滄、方雲峰、劉希仁、萬雲巖、汪小亭、涂菊亭、張沛軒、鄒文侯、程芸農、余翰青、王錫良、劉仲卿等人。

新粉彩畫於瓷板上居多，另外還有方瓶、筒形瓶、印盒、水盂、扁壺等造形簡單的器物，取其畫面較大而易發揮。

民國　汪曉棠作新粉彩「赤壁夜游」瓷板

民國　王琦作新粉彩「人物書法」方瓶

民國　汪大滄作新粉彩「山水」瓷板

珠山是景德鎮市中心的一個小丘，係前清御窰廠所在地。1928年時瓷板畫開始流行，爲了便於接受訂貨，在王琦的倡導下八位畫師成立了「月圓會」，稱爲「珠山八友」或「八大名家」。參加月圓會的前後共有10人，分別是：王琦、王大凡、程意亭、汪野亭、何許人、徐仲南、鄧碧珊、田鶴仙、畢伯濤、劉雨岑。

王琦號碧珍，別號陶迷道人，齋名陶陶齋，善作寫意人物和草書題記。常用印有「王琦」、「匋迷」、「洗心齋」、「碧口」、「碧珍」、「王琦畫印」等。

王大凡名堃，號希平居士，又號黟山樵子，齋名希平草廬，擅工緻人物。常用印有「希平草廬」、「王堃」、「大凡」等。

程意亭又名程甫，字體孚，齋名佩古，別號煮山樵子，善山水花鳥，用印有「意亭」、「程印」、「程氏」。

汪野亭名平，號元鑒，又號傳芳居士，創粉彩青綠山水，用印有「汪平野亭」、「平生」、「平山」、「汪平」、「汪氏」、「老平」、「野亭」、「汪」等。

何許人又名何處，字建德、花子、華滋。書法精，雪景山水尤佳，用印有「何」、「處」、「許人出品」、「德」等。

徐仲南名徐陔，號竹里老人，齋名碧棲山館。擅長松竹，兼作山水，用印有「之印」、「仲南」、「徐印」。

鄧碧珊字辟宇，號鐵肩子，擅長魚藻，有日本畫風，書法精。用印有「碧珊」、「小溪釣徒」、「之印」、「鄧氏」、「平戎」、「鄧碧珊畫」等。

田鶴仙又名田青，號恭園老梅，齋名古石，作品以梅花爲多，亦見山水，常用印有「古石」、「鶴仙」、「田印」。

畢伯濤名達，別號黃山樵子，善翎毛花卉，用印爲「伯濤」朱文兩字。

劉雨岑名玉成，又名雨城，別號澹湖魚、巧翁，齋名覺庵，善花鳥，桃花尤精，用印有「竹人」、「岑」、「劉氏」、「飲冰齋」等。

與珠山八友齊名的著名畫師還有張志湯、方雲峰、汪大滄、余翰青、張沛軒、汪小亭、程芸農等人。

民國　程意亭作「蓮塘戲禽圖」瓷板
民國　王大凡作新粉彩「人物紋」瓷板
民國　田鶴仙作新粉彩「紅梅圖」瓷板

91 廣彩

清代在廣州加彩的釉上彩瓷稱廣彩。廣彩康熙後期出現，雍正、乾隆、嘉慶是全盛時期，至晚清仍有生產。廣彩產品主要外銷，國內流傳較少。

廣彩的素胎由景德鎮燒製後運去，有碗、碟、盤、瓶、壺、罐等。器身大小均有，造形帶有西方風格，大多是餐具。

康熙製廣彩以紅綠為主。雍正時有紅、綠、黃、紫、雪青等色，以製作精緻，設色淡雅為特色。乾隆、嘉慶開始，廣彩的呈色濃艷。嘉慶、道光以後黃彩與金彩用得較多。

廣彩的畫法有兩種：一種是傳統的白描填色的方法，另一種吸取了西畫的技法而帶有油畫風格。

廣彩瓷的題材有兩類：一類是傳統題材，如人物故事、花卉蟲鳥、山水風光等。人物故事如劉備招親、《西廂》故事、嬰戲、漁翁等，都畫得十分傳神。在人物紋中，有一部分衣紋畫成清裝。在主題紋飾外加繪金魚、蝴蝶、雲龍、麋鹿、仙鶴、八寶、牡丹等。整個畫面五彩繽紛，光彩奪目。另一類是西方風格的紋飾，根據外商要求繪製，內容包括標誌、題句、紋章、風景、人物等。

廣彩作為貿易瓷，帶來了可觀的經濟利益，景德鎮也仿製廣彩，有西廂、貂蟬等戲曲人物和清裝人物紋盤。

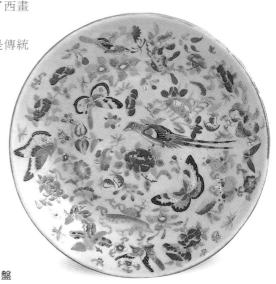

清·宣統　豆青地廣彩「花鳥蝶圖」盤

清　廣彩人物罐
廣州・彩瓷工藝廠藏

清　廣彩人物碟
廣東・省博物館藏

92

近代　醴陵釉下五彩

近代藝術瓷的成就超越咸、同、光而直逼康、雍、乾，除景德鎮外，湖南醴陵的釉下五彩獨樹一幟。

地處湘東的醴陵產優質瓷土，從清初至清末，窰業幾度興旺，但工藝落後，僅生產日用粗瓷。

至光緒末，政府官員熊希齡（湖南人，民國時任國務總理兼財政部長）赴日考察瓷業，回國後主持創辦了湖南瓷業學堂和湖南瓷業公司。在景德鎮藝人和日本瓷匠的幫助下，創造了釉下五彩，成為中國陶瓷裝飾的重要突破。

醴陵的釉下五彩晶瑩潤澤，清雅明快，別有風姿。色彩豐富，有紅、橙、黃、綠、紫、黑、灰等各色。每一種顏色又細分成幾種，甚至連黑色都有艷黑和鮮黑的區別。「艷而不俗，淡而有神」的醴陵釉下彩能適應不同題材的需要，既可古樸典雅，又可鮮麗濃郁。

清末民初的醴陵釉下彩用雙勾填色的方法，造形簡單，多作平面處理，紋飾以花鳥為主。有些作品採用西畫技法，色彩濃厚，有很強的光感，具油畫風格。

當時瓷業公司聘請的張曉耕、彭筱琴等畫師都是湘地書畫名流，出手不凡，因而醴陵釉下五彩一開始就達到很高的境界。稍後的高手有傅道惠、游先理、吳壽祺等。

醴陵釉下五彩的出現引起轟動。熊希齡親自携瓷入京，貢呈慈禧，深得嘉賞。自1909～1915年間，先後四次在國內外賽會上獲金獎，風靡一時。

醴陵釉下五彩的發展幾經波折，湖南瓷業公司1909年開業，1918年即毀於兵火，後雖稍恢復，但已屬慘淡經營。1930年前後，湖南瓷業公司及大多數瓷廠倒閉，畫師四散，釉下五彩已基本停止生產，距其問世僅二十多年，傳世作品數量非常有限。

清末民初　釉下五彩盤

清‧宣統　釉下五彩鏤空花卉瓶
北京‧故宮博物院藏

93

新仿　彩繪瓷辨識

彩繪瓷釉彩鮮美雅俗共賞，明清官窯彩繪瓷存世數量有限而需求日增，新仿應運而生。

以小窯燒彩繪瓷源於民國初年，仿品用舊匣包裝後售與藏家，連內行也時有走眼，當時用舊胎舊彩，工匠技藝高超，自然出手不凡。

近年新仿彩繪瓷依托科學方法，更勝一籌。品種多樣，從元明釉裡紅到近代洪憲瓷無不具備，主要有：

釉裡紅——仿元和明初作品為多，釉面昏暗，紅色沉悶，有用鐵紅料繪畫呈色偏黃。紋飾呆滯無層次感。瓶罐類底面見旋渦狀，和真品不同。

青花加彩——仿宣德青花五彩蓮池鴛鴦盌、仿成化鬥彩雞缸杯、仿乾隆題詩雞缸杯、仿道光鬥彩盤等都有，其中仿宣德器在一日本私人藏家的藏品圖錄中已赫然印出。除器型胎釉不像外，青花呈色和釉彩顏色是根本缺陷。青花加彩器真偽主要看青花，應和同時代青花一致，但新仿的大多和原作謬之千里。

粉彩——以新胎新彩繪製為多。因仿清代器物一般以原件剝樣，造形、尺寸甚至重量都相差無幾，唯口沿、底足等細小處或圓滑或過於粗糙。釉面一般薄且透，真正清瓷則多少總含青色。釉彩中黃、綠等基本色澤相距甚遠，新仿黃釉色澤濃重如黃漆，無透明感，其釉彩也有各自缺陷。

民國瓷畫——民國初以粉彩繪畫，珠山八友屬當時瓷畫領袖，作品在畫藝上達很高水平。新仿珠山八友作品頻見露面，從技法看，新仿作品不遜於原作，但釉彩較乾枯，風格總有現代氣息。至於坊間大批生產的仿作，則絕無可觀之處。

慈禧瓷——慈禧用瓷概出自晚清官窯，民國時已見仿品。慈禧瓷有黃地粉彩、黃地墨彩、藍地粉彩等品種，仿品以粉彩多見，因墨彩對於工藝要求甚為難以仿製。仿慈禧瓷見「大雅齋」款，但粗陋不可入目，一望便知非宮中舊物。

洪憲瓷——洪憲瓷絕大部分是民國時的托名之作，當時稍精之器最多的是寫乾隆款，其次是寫洪憲款。新仿以人物紋居多，但其畫法草率，真偽易辨。

現代　仿宣德三魚高足杯

現代　仿萬曆青花五彩蓮池游魚大盌　　　現代　仿康熙青花五彩十二月花神杯

色釉瓷

94 色釉瓷

色釉瓷或稱單色釉瓷,係指胎外施單一顏色的釉彩並無紋飾的瓷器,如越窯青瓷、龍泉窯青瓷、祭紅釉等。

色釉瓷的釉中由於含有鐵、銅、鈷、錳、砷、鉛等不同的金屬元素,在不同的燒製條件下會呈現不同的色澤。至於白瓷,則是釉層完全透明而露出胎骨的白色。由於白瓷的釉層中多少帶有某種色澤,就使白瓷微微含有紅或青色。

色釉瓷按燒製工藝分高溫色釉和低溫色釉兩大類。高溫色釉是在生坯上施釉,於1200℃以上的高溫下一次燒成。越窯青瓷、龍泉窯青瓷、甜白瓷、祭紅瓷都屬高溫色釉瓷。低溫色釉則是在燒成的熟坯上施釉後,經700℃~900℃的溫度第二次燒成,屬低溫色釉的有礬紅、黃釉、綠釉、胭脂水等。

在製瓷史上,青釉最早出現,從商代中期出現原始青瓷開始,到魏晉南北朝的越窯青瓷,都是以鐵為呈色劑的各種青釉。

隋唐時期,南方青瓷日益成熟,北方出現了白瓷,形成「南青北白」的局面。

宋代鈞釉青紅交匯,出現了紅釉這一重要品種。自元代開始,景德鎮全面發展了色釉瓷生產。至明代,已有青、白、紅、黑、藍、黃、綠各種色釉瓷。清代能將色釉瓷與釉上彩、釉下彩相結合,開始了色釉瓷生產的新局面。

傳聞中的柴窯瓷,被認為是色釉瓷所能達到和追求的最高境界。「青如天,明如鏡,薄如紙,聲如磬」,這十二個字形容柴窯瓷美如青玉,色釉瓷正是努力追求一種玉質感。歷史遺留給我們的各種色釉瓷,正如一件件不同顏色的美玉琢成的寶物,美不勝收,甚至每一塊碎片,都會令我們愛不釋手。

窯變和開片是色釉瓷的兩種重要裝飾手段。窯變利用自然形成的釉色交融變異,使色釉瓷瑰麗多彩。開片則是一種殘缺的美,打破了色釉瓷單一釉色而帶來的沉悶。統一中的變幻,完整中的殘破,這種矛盾的統一而造成的美的衝擊,是彩瓷無法比擬的。

北宋·定窯　白釉蓮紋碗
東京·出光美術館藏

南宋·龍泉窯　青瓷鬲式爐
東京·國立博物館藏

　　我國的原始瓷器出現在商代中期，黃河流域的河南、河北、山西和長江流域的湖北、湖南、江西、蘇南等地均有發現。

　　這時的原始青瓷胎質比較堅硬，胎色為灰白和灰褐色，少量為稍黃的白色。釉以綠為基本色調，包括青綠、豆綠、深綠和黃綠，以青綠為多。裝飾以印紋為主，少量的素面。

　　從商代後期到西周，江南地區的瓷器生產，在數量上和品種上遠遠超過黃河中下游地區。這時原始青瓷的胎色以灰白為主，少量青黃色、淡黃色和灰色。釉主要呈青色和豆綠色。裝飾方法還是以拍印為主，此外還出現劃紋、弦紋和堆紋。

　　春秋時期製瓷技術有了突破，江浙一帶瓷器成型由泥條盤築法改為輪製法。器形規整，胎薄而均勻。胎以灰白色為主，間有黃白色和紫褐色。釉以綠為主色調，分青綠色、黃綠色和灰綠色幾種。裝飾紋主要是大方格和編織紋。

　　戰國時期江蘇、浙江、江西地區的青瓷，胎色白中帶灰，胎土因經淘洗粉碎，使胎身細密，燒成情況良好。用陶輪拉坯成形，器形規整，厚薄均勻。坯外施石灰釉，燒成後呈青色或青中泛黃。釉層大多較均勻，也有的縮釉成點。器物的內心有螺旋狀切削紋，外底有切割線痕，造形較前輕巧與穩重。

　　戰國時期湖廣地區的原始青瓷的胎呈紫色和灰紅色，釉色則有黃褐、黃綠、墨綠等。

戰國（前四一三世紀）
灰陶印文雙耳壺
日本・東京國立博物館藏

戰國（前四—五世紀）
原始青瓷盉
日本・東京國立博物館藏

戰國（前四—五世紀）
原始青瓷雙繫罐
日本・東京國立博物館藏

原始青瓷自商代中期出現後，歷經西周春秋至戰國一直在發展著，戰國的製瓷技術已達到較爲成熟的地步。但在楚滅越後，越地的製瓷業却突然中斷了。

春秋末年至秦漢之際，江浙一帶重新出現一種從成型、裝飾到胎釉的工藝都與以前的原始青瓷不同的產品。

秦漢時浙江越窰同時生產釉陶和原始青瓷。釉陶胎骨粗糙，多氣孔，吸水率高，胎呈灰或深灰色。原始青瓷用瓷石作原料，坯體細密堅硬，多數呈淡灰色。釉陶和原始青瓷在同一窰中燒製而成。東漢中期以前，以釉陶爲主，此後則以青瓷爲主。

秦漢青瓷的釉層普遍比戰國青瓷爲厚，釉色也較深，釉層有較好的透明度，呈青綠或黃褐色。一般僅在肩、口和內底局部上釉。上釉的方法由浸釉改爲刷釉。裝飾紋樣有弦紋、水波紋、雲氣紋和堆貼舖首等。

秦和西漢早中期器物以鼎、盒、壺、瓿、鍾、鈁等仿銅器和儲盛器爲主，以後則以壺、罍、罐等日用器爲主。製作中採用底與身分製再粘結成型的方法，器壁有輪旋痕迹。有些經過修坯的器物表面較爲光滑。

在秦漢原始青瓷的基礎上，東漢末年產生了以越窰爲代表的青瓷。

西漢　青釉雙繫大罐
浙江・省博物館藏

漢　青釉劃紋雙繫蓋罐
日本・東京國立博物館藏

漢　青釉雙耳大壺
日本・東京國立博物館藏

越州爲古代越人居地，越窯自東漢恢復生產，中經三國、兩晉、南朝、唐一直到宋，是我國南方青瓷的重要產地。

東漢越窯窯址，在上虞、寧波等地都有發現。窯址出土的標本瓷化程度高，青釉透明光亮如一泓碧水，胎釉結合良好，無剝釉現象，已是成熟的青釉瓷。發現的東漢青釉鏤空熏爐、雙繫壺、雙繫罐及隨葬用繩紋水井、堆塑瓶，都達到很高的工藝水平。

而三國時期的越窯產品胎質堅緻細密，胎骨爲淡灰色，有的爲淡土黃色。釉層均勻，極少有流釉，和胎結合牢固，不見釉層剝落，釉汁潔淨，一般爲淡青色，偶見黃色或青黃色。

早期作品紋飾簡樸，有水波紋、弦紋、葉脈紋和舖首。晚期裝飾趨向繁複，出現斜方格紋。堆塑方法運用很廣，如在穀倉上堆塑人物、飛鳥、亭闕、走獸、佛像等。器物分日用品和明器（陪葬品）兩類。日用品有碗、碟、罐、壺、杯、爐、虎子等。明器有鬼竈、雞籠、狗圈、穀倉、磨等。有些器物上刻劃著銘文，刻劃銘文的器物大多爲作陪葬用的穀倉之類。

三國時的越窯青瓷在裝飾風格上，還明顯看出印紋陶和原始青瓷痕迹。紋飾主要有兩種：三重套菱形紋（斜方格回紋）和斜方格內「井」字紋。

東漢・熹平四年　青釉束繩紋罐
奉化縣文管會藏

三國　青釉堆塑瓶
日本・東京國立博物館藏

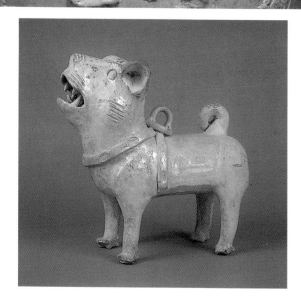

東漢　青釉犬
日本・東京國立博物館藏

西晉時瓷窯劇增，越窯所製青瓷較前有很大不同。

西晉青瓷的胎體都較厚重，胎色較深，呈灰或深灰色，釉層厚潤均勻，釉色以青灰為主。裝飾精緻繁複，採用刻劃、堆塑等裝飾手法，後期出現用褐色加彩的裝飾方法。器型大多複雜精巧。除了如酒器、餐具、文具等日用器外，還有大量的如穀倉之類的隨葬用品。熏爐是這一時期的重要產品，大小與形狀各異。這個時期越窯青瓷生產的數量有限，還不是普通百姓所用。

西晉墓葬常見的青瓷器物有：素面或印花鉢、素面或印花雙耳罐及四耳罐、素面或印花雙耳及四耳盤口壺、長身蠶繭型虎子、圓虎子、長身束腰獸頭虎子、廣口短頸平肩筒式罐、印花廣口小底雙複繫罐、辟邪水注、蛙形熊頭或兔頭水注、雞頭或虎頭雙耳罐、印花水盂、青瓷鑒、盥盆、扁方或扁圓壺、三足盤、圈足唾壺、泡菜罐、長方格盤、耳杯、犀牛形鎮墓獸、人俑、羊、鏤空花香熏、穀倉及各種小明器。

西晉獨特造形的器物有：無頸雞頭（或虎頭）雙耳蓋罐、扁方壺或扁圓壺、廣口平肩短頸筒式罐、圈足唾壺、深腹弇口鉢、獸形水注、犀牛形鎮墓獸、圓盤棚屋、廁所、豬圈等。

在罐上堆塑有頭無頸的雞頭或虎頭係西晉的特有裝飾方法。罐有廣徑、豐肩、短頸、鼓腹、斂脛、小平底，肩有扁條狀模印魚骨紋雙耳。

西晉青瓷上有三種常見的模印紋：菱形內斜「井」字格；交叉平行線組成的細小長方格；大小圈套疊的聯珠飾帶。

西晉　青釉獸耳蓋罐
大阪・東洋陶瓷美術館藏

西晉—東晉　青釉獅形燭台
日本・東京國立博物館藏

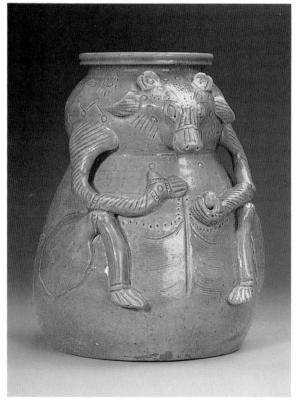

西晉　青釉神獸尊
1996年　佳士得香港秋拍目錄

99

東晉　越窯青瓷

　　東晉中期以後，越窯青瓷大量燒日常用器，如罐、壺、盤、碗、鉢、盆、洗、燈、硯、水盂、香爐、唾壺、燭台等，明器已不再生產。在日常器物中，碗和碟在尺寸上大小配套，碗的尺寸有十種以上，碟也有五種之多。

　　造形趨向簡樸，器型由肥壯向瘦高發展。裝飾紋樣減少，以弦紋為主，少數器物上有水波紋。至晚期出現蓮瓣紋，西晉後期出現的褐色點彩已普遍運用。

　　江南東晉墓葬中常見器物有鉢、耳杯、盥盆、矮圈餅足唾壺、四耳或雙耳盤口壺、四耳或雙耳罐、雙耳雙複繫盤口壺、雙複繫廣口蓋罐、雙耳雙複繫廣口蓋罐、泡菜罐、圓果盒、天雞壺、餅足碗、矮餅足拱口盤、三足圓硯、油燈、圓虎子、盒形香熏、蓮朵形香熏等。

　　天雞壺與三足圓硯往往同時出土。東晉天雞壺的一般造形為盤口，直立拍鼓式壺頸，肩部左右有橫耳各一，堆塑雞頭狀壺嘴，平底，自口及頸有龍頭飲水狀把手。

東晉・越窯
青釉斑點四繫小罐
日本・東京國立博物館藏

東晉・越窯　青釉猪圈
日本・東京國立博物館藏

東晉・越窯　青釉香熏
南京市・博物館藏

100

南朝　越窰青瓷

南朝時越窰規模擴大，除浙江上虞外，浙西北的吳興何家埠，浙東的餘姚上林湖，奉化白杜和臨海五孔嶴都是具一定規模的青瓷產地。

南朝時越窰青瓷上以蓮瓣紋和荷花紋爲主要紋飾，這與當時佛教盛行有關，這種裝飾方法一直延續到唐代。器物裝飾小而密集的褐彩（兩晉越窰青瓷上的褐彩點則大而疏）。胎、釉有兩種：一種胎質緻密，胎呈灰色，施青釉；另一種胎質鬆呈土黃色，外施青黃釉或黃釉，器物多日用瓷。

江南地區南朝墓中常見的器物有：各種鉢、餅足小碗、餅足深腹敞口碗、廣徑盤口細頸長身雙複繫壺、雙耳盤口壺、三至六足的圓硯、蓮瓣紋唾壺、平底或極矮餅足蟠腹唾壺、仰覆蓮罐、刻劃蓮瓣盞托、雞頭執壺、圓虎子和三角形虎子。

南朝・越窰　青釉天雞壺
日本・東京國立博物館藏

南朝・越窯　青釉蓮瓣紋瓶
上海博物館藏

唐　越窯青瓷

唐代南方的瓷業生產以越窯青瓷為主流，生產擴大到紹興、鎮海、黃岩等地。產品的數量和質量都有明顯提高。初唐和中晚唐的產品各有特徵。

初唐越窯青瓷在很大程度上保持了南朝和隋代的風格。胎質疏鬆呈灰白色。釉青黃色，多見剝落。瓷硯的硯足增多，有四足五足直至十多足，密集排列如柵欄。有些硯面凸起，圍以深槽，更具實用性。盤口壺的盤口增大幾和腹徑相等，口沿外翻。這時流行的折腹碗口大而腹淺，又可作壺蓋或罐蓋。

中晚唐越窯青瓷的胎土精細，已不見夾層現象，胎表光滑緻密。胎骨呈灰、淡灰或淡紫等色。釉層均勻純淨、厚潤如玉，呈黃或青黃色。胎釉結合緊密少見剝釉，釉表有細碎冰裂紋。

製作工藝進步，造形纖細流暢，胎體輕盈靈巧，器型規整。

中唐起越窯青瓷的燒製採用匣鉢工藝，碗、盤等的內外底已無窯具支燒痕迹，釉面也無煙熏和粘附窯砂的缺陷。因而能做得胎體輕薄，圈足外撇，質量與前相比大為改觀。

唐代越窯普遍使用素地垂直畫紋的裝飾方法。越窯堆貼花的方法，在器物上堆貼花卉、人物、魚獸等。

這時的器物常見的有碗、盤、水盂、罐、盒等。由於施釉技術的提高和燒製方法的改進，釉層增厚。執壺又稱注子，是一種酒器，中唐時出現。中唐時的執壺身肥而嘴短，晚唐時執壺則身細嘴長。罌器型如盤口壺。有不少罌刻有銘文，銘文內容有租地券和墓誌銘等。因此罌這種器物應是起特殊記事作用的器物。越窯生產的瓷墓誌另有碑形、蓋罐形、筒形等。

甌是越窯生產的重要器物，這種茶盞為直口淺腹，或作葵花形式，圈足外撇。唐人對越窯甌評價極高，唐人陸羽的《茶經》中曾把越窯青釉瓷甌列為茶具之第一。

唐·越窯　青釉葵口碗
大阪·東洋陶瓷美術館藏

唐　青釉蓮瓣紋圓底盤
江西・省博物館藏

唐・越窰　青釉多足硯
日本・靜岡・MOA美術館藏

　　五代越窯青瓷發展至巔峰。

　　胎質細膩，胎壁較薄，表面光澤，胎色呈灰或淺灰色。釉質腴潤光亮，半透明，釉層薄而勻。釉色以黃爲主，青釉的所占比重很小，釉胎結合緊密，不見剝釉現象。裝飾初期以素面爲主，以後用刻劃方法。這時刻花尚屬初創，紋飾簡單，但極流暢舒展。

　　五代越窯青瓷在裝飾和造形上受唐代的影響很大，光素無紋飾的器物占很大的比例，執壺和罐的腹部常做成瓜形，碗、盞、盤多採用花朵的造形。

　　宋代時，龍泉青瓷崛起，越窯青瓷生產日見萎縮，但工藝上仍有發展。

　　宋代越窯青瓷的釉質清澈，釉色晶瑩。造形更爲實用。碗腹加深，有荷花碗，敞口斗笠式碗等。執壺瓜稜由凹線變爲凸線，圓筒狀腹。粉盒扁平，微凸的蓋刻劃紋飾，豐滿而華貴。

　　裝飾方法多樣，刻劃、鏤雕和堆貼是三種基本手段，改變過去越窯素淨的風格。刻劃的波浪、花草、人物、鳥、蟲都精心構圖，在美學上開闢了一個新的領域，這也是宋代越窯的主要成就。

五代・越窯　青釉刻花多嘴蓋罐
1991年　蘇富比香港秋拍目錄

五代・北宋・越窰　青釉菊瓣形高足杯
1995年　蘇富比香港秋拍目錄
口徑：14㎝

北宋・越窰
青釉牡丹紋水注
日本・東京國立博物館藏

唐・五代　秘色瓷

唐、五代越窯生產的優秀青瓷，稱為祕色瓷。

祕色瓷含義有兩種解釋。

其一是指釉色：晚唐陸龜蒙的《祕色越器》詩，有句云：「九秋風露越窯開，奪得千峰翠色來」。故祕色瓷的釉色是「千峰翠」色，即「峰翠」色或翠色。

其二是指性質；宋人對祕色瓷的注釋是：「吳越祕色瓷，越州燒製，為供奉之物，故云祕色」。（曾慥《高齋漫錄》）。

學術上的爭議增加了藏家們對祕色瓷的興趣。

祕色瓷近年已數次發現，能對其有更具體的認識。

吳越國都城杭州和吳越國君錢氏家族和重臣的墓中出土一批有代表性的祕色瓷。

這些祕色瓷胎土細膩，呈淡灰或灰色。胎壁較薄，口沿處更薄。造形規整，稜角分明，輕靈端莊。通體施釉，胎釉結合好，釉黃色和青綠釉，以蜜黃色為主，稍後的以青釉為主。錢氏家族墓中出土的越窯青瓷褐彩罌，器物以青黃色為主，口沿一塊釉色却青翠欲滴，想來是祕色瓷的真面貌。

裝飾方法多樣。以醬褐色釉彩繪雲氣紋是祕色瓷較多使用的工藝，寬博流暢的紋飾給祕色瓷增添了神秘的光環。吳越國主錢元瓘墓中發現的瓷罌雕刻出龍紋後再塗金，和傳說的「金稜祕色瓷器」正相合，這對祕色瓷屬王室用器的說法提出了證據。

器形仍以日用器物為主，如碗、盤、鉢、燈、罐、罌、壺、缸等，莊重而精緻，是祕色瓷的風格特徵。錢元瓘墓出土的瓷罌用浮雕手法飾雲龍戲珠紋，雄渾豪邁，是匠人精心製作的貢器，遠遠超過當時一般工藝水平。

祕色瓷以春水綠雲般的釉色名噪一時，以致唐宋間把類似的上品青瓷都稱之為祕色瓷。

陝西扶風法門寺前些年出土一批唐咸通十五年（874）所藏佛寶諸物。據同時出土的「物帳」記載，有「祕色窯瓷」十六件，出土的青瓷與物帳記載完全一致。出土的青瓷盤釉色「青中泛黃，鑲有銀口，外壁平脫金銀團花」。這顯然是文獻記載的金銀裝飾的祕色瓷。

五代是祕色瓷生產的全盛時期，以後北宋、南宋、明清都有生產「翠」色的祕色瓷記載。故宮舊藏南宋餘姚窯祕色瓷枕，胎厚釉薄，青色淺淡不勻，已無五代祕色瓷之風采。

唐・越州窯　青釉八角祕色瓷瓶
北京・故宮博物院藏

龍泉青瓷五代開始燒製，南宋晚期是龍泉窯的鼎盛時期，元代龍泉窯長於燒大件粗重器物，明中期後胎體厚重的龍泉青瓷逐漸受到人們的冷落，走向衰弱，清康熙以後已停止生產。

除浙江龍泉外，南宋晚期江西吉安的永和窯，福建泉州碗窯鄉窯也都燒造龍泉型的青瓷，從元代開始燒造，地點則更爲廣泛。

早期龍泉青瓷和越窯青瓷相似，胎骨較薄，底足高而規矩，採用石灰釉，釉層薄，青黃色。但這種龍泉青瓷和越窯瓷又有區別。龍泉瓷底部露胎，呈赭褐色，無支燒印痕，周身青黃斑駁，釉色不均。而越州青瓷多數爲釉底，晚唐甚至有釉裏足端者，施釉勻淨，底面或足端有支燒印痕。

五代末，有一些甌窯匠人來浙江燒瓷，器物風格，繼承甌窯傳統，釉層薄，釉色較淡，釉質透明。至北宋中，已不見這種風格的龍泉青瓷。

這時龍泉青瓷的器形以盤、碗、壺爲主，裝飾風格如唐、五代越窯青瓷，用竹篦刻劃花紋，線條粗放，構圖簡潔，常見的題材有團花、重瓣傾覆蓮和纏枝花。浮雕花葉加陰線凹刻的葉脈。這時期龍泉青瓷的釉色、釉調頗近於臨汝、耀州窯。只是臨汝、耀州窯青瓷的胎土呈深淺不同的紫灰色，而早期龍泉的胎土則是白中泛灰。

北宋時龍泉青瓷胎骨增厚，胎土淡灰，底足露胎處見赭褐色窯紅，胎微生燒。釉的瓷化程度好，釉層透明。釉層中有氣泡，氣泡大且分佈稀，紋片不規則，釉綠中帶灰黃，釉表光澤很強，碗類器物的圈足較爲寬矮。

這時龍泉瓷的裝飾花紋趨向簡練，早期龍泉常用的團花和點線紋已較少運用，常見魚紋、蕉葉紋、全枝荷花（無水下部分的蓮藕，單是莖、葉、花）。在裝飾風格上由拘謹而變爲奔放。器內畫花具有北方青瓷風格。

器物種類增多，新出現了爐、暖碗、渣斗等品種。這時即使是同一器物的式樣，也較前爲多，個別器物上有刻劃銘文。

北宋・龍泉窯　青釉刻花帶蓋五管瓶
廣東・省博物館藏

龍泉青瓷的頂峰時期是在南宋。這時生產的青瓷有白胎和黑胎兩大類，以白胎爲主。

白胎青瓷分粉青和梅子青兩種基本釉色。

粉青釉又稱「蝦青釉」，胎色白中含灰。釉層中因含大量密集的小氣泡和未熔石英顆粒，進入釉層的光線產生散射，使釉層透明度差，釉表光澤柔和，帶一種玉質感。

梅子青釉的龍泉青瓷的胎色白，由於燒成溫度高，氣泡和未熔石英粒都很少，瓷化程度高，釉層略帶透明，釉層厚潤光澤，看上去宛若青玉。

黑胎青瓷是仿南宋杭州官窯製品。胎大多數有生燒和微生燒的情況，呈深淺不同的灰黑色。基本釉色有兩種：一種是棕黑色玻璃釉，另一種是釉面光澤較弱的青灰色釉，個別的釉色爲灰中帶綠。

黑胎龍泉青瓷的釉面有疏密不等的紋片，紋片呈淡棕黃色，也有的開片大而明顯。露胎的圈足和釉層較薄的口沿、稜部呈棕黑色，即紫口鐵足。

這種龍泉黑胎青瓷的造形、釉色、紋片，以及底足的切削形式，都和南宋杭州官窯瓷相同，不同的是龍泉青瓷不用支釘而且釉面光澤較強。

南宋・龍泉窰　青釉葵口碗
東京・國立博物館藏

南宋・龍泉窰　青釉香爐
東京・國立博物館藏

南宋・龍泉窰　青釉折沿瓶
東京・私人財團藏

南宋龍泉青瓷裝飾以刻花爲主，少用或不用篦紋，另有模壓、堆貼等裝飾方法。如南宋龍泉窰粉青劃花雙螭圓洗，在器物裏心刻雙螭紋，口沿內外均刻回文，上下加雙線弦紋。

有些器物加醬褐色釉斑。褐色釉斑和底色青釉係一次燒成，兩種釉色交融過渡，褐斑邊緣有淡黃色暈脚。近代有人用舊器加彩，係在釉面上點釉藥複燒而成，褐斑處高出底釉且見閃光鐵質微粒，與原加彩的不同。

器物造形有民用粗器和仿官窰的黑胎瓷兩大類。

一般民用粗瓷造形渾樸，器底厚重，圈足寬矮，器物品種極多。日用品有碗、盤、碟、壺、渣斗等。文房用具有水盂、水注、筆筒、筆架、棋子、仿玉器、仿銅器、香爐以及各種塑像等。

清宮舊藏宋龍泉製品，基本是南宋製品，如：貫耳帶紋方壺、貫耳弦紋壺、盤口鳳耳壺、盤口弦紋壺、盤口紙槌瓶、紙槌瓶、長頸瓶、鬲式爐、三足圓爐、蓮瓣雙魚洗、雙魚洗、匣鉢油斑點匝式洗、菊瓣鉢式洗、匣鉢油斑點三足花囊、六孔蓮瓣花插、蓮瓣大盤、蓮瓣碗、蓮子碗、小圓碟等。

南宋・龍泉窰　青釉鳳耳瓶
大阪・和泉市久保惣記念美術館藏

南宋・龍泉窰
仿官青釉花揷
1993年　蘇富比香港春拍目錄

南宋・龍泉窰
粉青釉五足器座
1991年　蘇富比香港秋拍目錄

元代早期龍泉和南宋製品相似，後期製品又與明初製品類同。

元代龍泉青瓷胎體厚重，胎色白中帶灰或淡黃。

釉色為粉青帶黃綠，釉層半透明，氣泡很多，光澤較強，釉表有細紋片。釉層較南宋製器透明，釉上有的用大紅、紫紅釉斑作裝飾。盤、洗等器底圈足全部上釉，而底面中心有不規則釉痕一塊，見墊燒露胎痕迹。

元代龍泉青瓷，有各種瓶、洗、爐、盤和佛像等，與南宋相比款式更多。

洗是元代龍泉典型產品，以敞口，寬唇，平底為基本造形，與南宋的窄沿唇不同，有蔗段洗、桃式洗、蓮瓣洗、雙魚洗等式樣，明初已少見這些造形各異的洗。

碗有敞口、斂口、直口、瓣口等各種造形，常見的是直口或口沿外卷的深腹碗，內底印蓮花、菊花或牡丹，腹壁飾波濤、花卉、蓮瓣、鳳凰等。

高足杯口沿外卷，杯身呈半圓狀，把手稍短，穩重而實用。

瓶有膽式瓶、長頸瓶、琮式瓶、梅瓶、吉字瓶等。吉字瓶的瓶身，形似「吉」字，南宋時出現，元代時瓶下連鼓形瓶座。

器物造形巨碩有高近一公尺的瓶，直徑近一公尺的盤，口徑42cm的鉢，反映了很高的製作技巧。

裝飾方法多樣，除模印、雕刻、堆塑外，還見加彩的方法，有褐、紅等色，傳世品中見元龍泉紅彩青釉洗，釉色清澈如水，紅釉濃艷欲滴，鮮嫩至極。

與宋代龍泉相比，元代製品上銘文明顯增多。字體有漢字和「八思巴」文。漢字刻製的有「金玉滿堂」、「項宅正窰」、「大元」、「大吉」，和「壽」、「福」等。有些器物上所刻紀年銘文帶有重要的考古價值，但是較少見。

元·龍泉窰
青釉觚形尊
日本·兵庫縣穎川美術館藏

元·龍泉窰　青釉梅瓶
1992年　蘇富比香港春拍目錄

元·龍泉窰　青釉鐵斑紋稜口杯托
1995年　蘇富比香港秋拍目錄

　　明初時，龍泉靑瓷在靑瓷生產中仍占重要位置，且繼續生產宮廷用瓷。隨著景德鎮窯的崛起，潔白精雅的靑花漸占主位，龍泉靑瓷走向衰落。

　　明龍泉製作粗糙，挖足草率，胎體厚重，胎色灰黃，釉層薄，透明度高。釉表光澤強，釉色有靑灰、茶葉末、灰黃等幾種。裝飾以釉下畫花為主，亦有模印人物故事的裝飾方法。明龍泉窯生產的人物故事碗數量浩大，外口沿印回紋，內壁印孔子、李白、韓信等歷史人物，上有題句。紋飾大多千篇一律，模糊不清。

　　傳世明龍泉靑瓷有不少是仿宋的。宋製的龍泉靑瓷香爐胎骨較薄，釉呈粉靑色，半透明，凸花的纏枝牡丹紋的花梗係圓泥條堆貼，露胎處為橘紅色「窯紅」。明製靑瓷香爐的胎骨稍厚，綠釉，明成化、弘治以前半透明，明後期透明。花紋平雕，露胎處為赭褐色「窯紅」。

　　明龍泉靑瓷有些模印文字，如「石林」、「長命富貴」等。

　　明、清景德鎮窯豆靑釉，釉色與龍泉靑瓷相類似。但豆靑釉的器裏和底面是白釉，而宋、元、明龍泉窯靑瓷周身靑釉。

　　日本有仿宋龍泉靑瓷器。日本仿製品無論造形、釉質、釉色都可亂眞。唯胎體瓷質的絲絹光澤太強，不像龍泉瓷土，而且敲打時聲音尖刺，釉色也略欠溫潤柔和。

清・雍正　青釉折沿花盆
東京・出光美術館藏

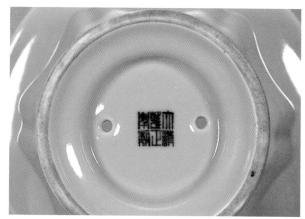

明初・龍泉窰　青釉刻花稜口盤
1995年　蘇富比香港秋拍目錄

影青瓷又稱青白瓷，是宋代景德鎮窯燒製的主要產品。影青瓷的釉色介於青與白之間，其青色不是像越窯青瓷的綠色，而是偏向天藍。

北宋影青瓷的胎體薄，碗造形為矮身高圈足，後期出現圓錐形的斜壁小底碗，另外還有一種花口碗。北宋碗有支燒和墊燒兩種方法；支燒的器物足內無釉，器底有四個支釘痕；墊燒的早期用墊圈，後期用墊餅，足內無釉，帶黃褐色墊痕，北宋後期出現芒口碗（覆燒）。

北宋影青的釉層薄而透亮，釉色早期偏重黃帶紋片，中後期為純正的青白色。

初期產品無紋飾的多，偶有刻花，中期流行刻花加箆紋，晚期用印花工藝。紋飾有水波箆紋、牡丹嬰戲、水波雙魚、纏枝牡丹等。

北宋・景德鎮窯　影青瓜形水壺
大阪・東洋陶瓷美術館藏

北宋・景德鎮窯　影青凸稜鉢
湖北・省博物館藏

北宋・景德鎮窯　影青獅鈕水壺・承盤
大阪・東洋陶瓷美術館藏

　南宋影青瓷與北宋產品相比，胎骨粗。碗、盞類一般採用覆燒法，口沿無釉。在胎體上，口沿加厚，底部變小，變薄，滿釉。釉層較北宋製品厚，透光性差。南宋覆燒的影青釉層呈黃色，不見北宋產品的清亮晶瑩的青白色。南宋產品中有一部分仰燒的，呈色相當純正。

　印花則是南宋影青瓷的重要裝飾手段。影青瓷的印花主要受定窯影響，但紋飾不如定窯的繁密與精美。除印花外，還有刻花與篦紋。紋飾題材有水波雙魚、菊瓣、飛雁花葉、葵紋、萱草、攀枝娃娃、梅花、海棠、蓮池鴛鴦等，瓷盒上則裝飾花卉紋或花鳥紋，多見鳳紋。

　南宋至元初出現了雕花裝飾，在一些杯盤貼上如耳柄般的龍紋雕花。另外還用很厚的泥漿，用筆描塑出梅花紋、花卉纏枝紋或鳥紋。

　花紋裝飾一般是在器物的裏壁，個別的作內外刻花裝飾。

　南宋影青瓷的造形增多。碗類有折腰碗、侈口碗、直口碗、闊底小碟。碗、盤類在當時作爲大量銷售的民用產品，紋飾、尺寸、造形變化都很少。

南宋・景德鎮窰
影青杯・托
東京・出光美術館藏

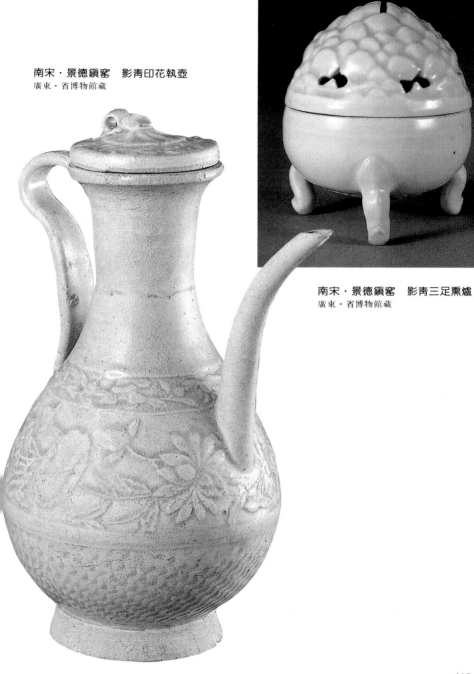

南宋・景德鎮窯　影青印花執壺
廣東・省博物館藏

南宋・景德鎮窯　影青三足薰爐
廣東・省博物館藏

元代影青瓷胎採用瓷石加高嶺土的「二元配方」法，胎的變形很少。與宋代相比胎體粗重。

碗類等大宗產品採用印花辦法，梅瓶、玉壺春瓶等少量生產的器物則用刻花裝飾，除了沿襲宋代的印花、刻花外，增加了堆貼雕花和釉下加彩的裝飾法。

以連續小珠組成文字或圖案的串珠紋裝飾，是元影青獨有的方法，主要用於影青佛像的裝飾，在一些玉壺春瓶、方形小罐上也用串珠紋作裝飾。器物上附屬裝飾物如 S 型雙耳、凸起梅花紋、獸環輔首、頸肩的小圓繫等增多。元影青瓷上有鐵褐斑裝飾，斑呈圓或不規則形，露出釉面的鐵褐色彩斑深沉而有力，元影青的鐵褐斑中間深四周淡，似有暈散，凝重中見變化，體現了元代的風格。

元代影青瓷造形多樣。碗類中折腰碗是最常見的形式，芒口覆燒，除器底較薄外，很像樞府窯折腰碗。大型的瓷雕佛像出現和蒙古統治者的信仰有關，元影青釋迦像和觀音像都極為莊嚴與安詳。另外有玉壺春瓶、方型小罐、匜、梅瓶、雙耳三足爐、注子、蓋罐、玩具等。

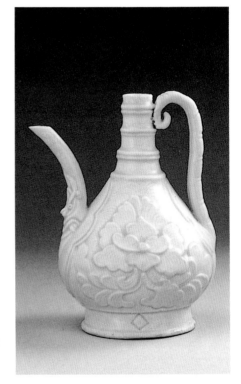

元・景德鎮窯　影青雕剔牡丹紋梨形壺
元・景德鎮窯　影青稜花托
上海博物館藏

　　宋汝窰為北宋宮廷專用，傳世品不足百枚，在明清時代就相當珍貴。據近年查實，窰址在今河南省寶豐縣大營鎮清涼寺村一帶，曾有完整的器物及碎片出土。

　　胎土淘煉得很乾淨，胎質細密而堅緻。胎色帶深淺不同的灰褐色，近似香灰，俗稱「香灰胎」，與北宋官窰的胎色接近。

　　釉質有透明與不透明的兩種，以透明為多，釉面一般無光澤，基本上都有開片。

　　汝窰均為小件器物，盤、碗、洗、碟等，造形樸實無華。另有紙槌瓶、膽瓶、玉壺春瓶、圓洗、深腹洗、橢圓水仙盆、葵瓣盞托、蓮花式碗、葵口盤、碟、弦紋三足尊、出戟尊等。

　　盤、碗類器物底部一般滿釉，用支釘支燒，瓶、罐、爐等琢器用墊餅墊燒。器物大多是素面，個別器物上以弦紋、刻花、畫花為裝飾手段。

　　有些器物上刻有銘文，有「奉華」和「蔡丙」兩種。字均為燒成後再刻製。「奉華」為南宋高宗寵妃劉妃宮室名，因而為南宋舊刻。清乾隆時將宮中所藏汝窰器十多件刻上御製詩，都是價值連城的珍品。

　　清官窰有仿汝作品，天藍色釉，有魚子紋開片。胎、釉都極細膩，色澤淡雅柔和。但仿汝釉中氣泡密集，晶瑩透徹，而宋汝則氣泡很少，釉面失透，厚潤淳和。清御瓷廠仿汝一般都在器底書「大清雍正年製」或「大清乾隆年製」青花篆書款。

宋・汝窰　青釉蓮花式溫碗
台北・故宮博物院藏

宋・汝窰　青釉盤（二張）
大阪・市立東洋陶瓷美術館藏

北宋官窯瓷的產地，在河南開封一帶，宋代京城汴梁城在今地下十餘公尺處，已難以對窯址進行實地考察。

北宋官窯器的釉色、釉質、形制與汝窯瓷有頗多相似之處。

胎為灰或灰白色，胎骨堅薄，厚重的較少。

釉色以粉青、月白為多，另有翠青、天藍、天青等色。釉層厚，釉表有疏密不等清晰可辨的開片。

底部圈足不施釉，露胎處塗紫黑、深赭色、黑色、紫色護胎汁。底部有數量不等的支釘，最多有九枚。

器物則以陳設瓷為主，有雙耳三足爐、鬲式爐、三足圓爐、方爐、琮式瓶、弦紋八稜盤口瓶、弦紋瓶、膽瓶、貫耳穿帶壺、貫耳弦紋壺、三登方壺、弓耳扁壺、花觚、花插、蓮花式花插、蓮房水注、筆筒、臂擱、橢圓水仙盆、菱花式小碗、葵花式小碗、梅花式杯、八方盤等。

北宋官窯瓷仿製的很多，在宋代有些民窯就按官窯的工藝來生產，龍泉窯仿的黑胎青瓷與官窯器就很像。現在傳世的官窯瓷中，有一些是元代甚至明初的產品，因其特徵相像，現在已很難區分。清代前期雍正和乾隆的仿宋官窯瓷在工藝水平上已超過宋代製品。

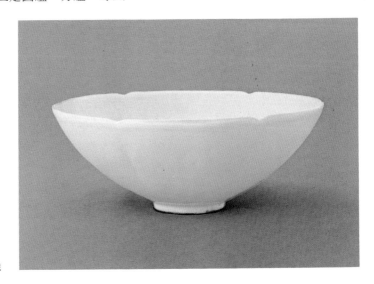

北宋‧官窯
青釉葵瓣口大碗
台北‧故宮博物院藏

北宋・官窯　粉青鬲式爐

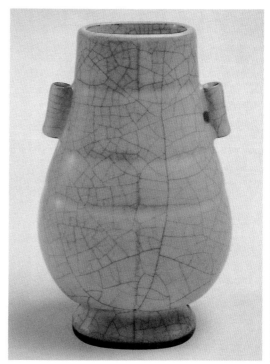

北宋・官窯　粉青貫耳穿帶小方壺

南宋 修內司官窯瓷

南宋朝廷在杭州設立官窯，先後有修內司官窯和郊壇下官窯。修內司官窯南宋人就有記錄，清宮又有藏品。因窯址未找到，以致有人持異議懷疑其存在。最近窯址發現，這一問題已基本解決。

清宮舊藏修內司器是否全部由修內司官窯出品似有疑問，因而從傳世修內司器和出土修內司器兩方面認識。

❶傳世修內司官窯瓷

胎有灰色、黑色、黑灰色、紫灰色幾種。胎骨前期製品較厚，後期製品較薄，底部圈足露胎處塗有赭色、黑色、紫黑色護胎汁。器物稜角釉層較薄而露出胎色，或有紫口、鐵足。

釉層厚，釉面現鱔血紋及冷紋。釉色粉青為主，其餘還有月白、淺青、灰青、天青、翠青幾種。文獻上有「色好者與汝窯相類」的說法，從實物看和汝窯沒有太大的區別。

器物大多為陳設或文房用具。台北故宮舊藏修內司瓷有壺、瓶、洗、碗、盤、碟、爐等幾類，計三十六種。

❷出土修內司官窯瓷

修內司官窯遺址九十年代中發現，地點在杭州鳳凰山下，萬松嶺東麓。

出土物的特徵為：

胎骨以黑胎、香灰胎、灰胎和灰白胎為主，另見磚紅、澄泥等色。有些器物的胎土灰、黃混雜，且未打勻。

釉色有粉青、天青、月白、米黃、蜜黃、青灰、淺紫、窯變等。有冰裂紋、魚子紋和鱗片紋數種。

器型多樣，有各式瓶、洗、爐、盤、碗、鳥食缸、油燈盞、象棋、動物、人像等。

有些出土的瓷片上見褐彩文字，如「修內司」、「官窯」等字樣。有些瓷上刻有「天」、「子」、「司」、「內」等文字。

南宋・修內司官窯　淺青橢圓硯
台北・故宮博物院藏

南宋・修內司官窯　粉青弦紋壺
台北・故宮博物院藏

郊壇下官窰是南宋繼修內司官窰後新設的。

傳世的郊壇下官窰瓷大部分存台北故宮博物院，約有數十件。這些器物胎骨厚薄不等，以堅薄者為多。釉層厚潤，釉面有疏密不等的紋片。釉色以灰青、粉青為主，另有月白、天青、油灰等色。器物稜角釉薄處露灰或褐色胎骨。口沿為赭黑色，即所謂的「紫口」。足底露胎處塗深色護胎汁。

郊壇下官窰遺址於廿世紀初發現，五十年代和八十年代又進行了兩次發掘，搞清了有早晚兩類產品。

早期產品薄胎薄釉，胎質細膩，因含大量鐵質而呈灰黑色。釉層薄而均勻，釉層失透具玉質感，開紋片。釉色以粉青為主，另有青灰、青黃和蜜蠟等。通體滿釉，底部有圓形支釘。

晚期產品為薄胎厚釉，在工藝上改為兩次燒成，即先將胎低溫素燒後再多次上釉復燒。從標本的剖面上可以看到多次上釉的痕迹，釉層達 2mm 以上，而胎僅1-2mm厚。釉層滋潤宛若青玉，有深色開片。在燒製時刮去器物底部的釉再用墊餅墊燒，露胎處為深灰或深褐色。這一類型的器物具備南宋官窰的厚釉薄胎，紫口鐵足與開片三個特徵。

郊壇下官窰瓷的器形都很小，除少量的碗、碟、罐、杯外，以壺、瓶、洗、爐、花插等陳設瓷為多，還有仿銅器和仿玉器的作品，均為宮內玩好之物。

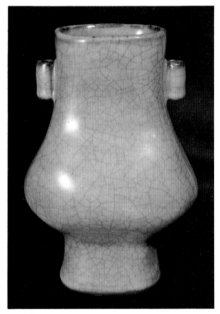

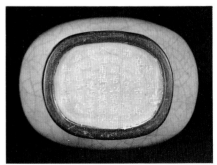

南宋・郊壇下官窯　灰青貫耳方瓶
台北・故宮博物院藏

南宋・官窯　青釉琮式瓶
東京・國立博物館藏

247

宋鈞窰是宋代五大名窰之一，屬官窰性質的宮廷用瓷，稀少而尊貴。

宋鈞窰瓷胎骨都相當粗重，且胎土因淘煉不精而夾有各種雜質，呈土黃色，也有少量白、紅和灰色，瓷化程度差。胎和釉之間有一層化妝土（或稱化妝釉、護胎釉），厚約1mm，白色或灰白色。

鈞窰瓷釉面有藍、紅兩大系列。藍色的有月白、天青、天藍、翠青數種。紅色的有玫瑰紫、海棠紅、胭脂紅、茄皮紫、朱砂紅、丁香紫、火焰紅等。

鈞瓷的釉有三個特徵：

一、乳光釉，即釉呈螢光一樣的藍色乳光，會隨光線而變忽不定，由釉層中的極小石英粒所造成。

二、窰變，係各種釉色交匯變化而成，這是宋鈞窰瓷區別於同時代其它青瓷的重要特點，其中紅、藍色相融形成極為美麗的紫色。

三、蚯蚓走泥紋，即在釉中呈現一條條透迤延伸，長短相間，自上而下的釉痕，如同蚯蚓在泥中游走。因而有否「蚯蚓走泥紋」成為鑑定宋鈞窰瓷的重要依據。

宋鈞窰瓷多為各類陳設瓷。

器物中以各種花盆和盆托為多。花盆形狀奇異，有渣斗式大花盆、仰鐘式大花盆、蓮花式花盆、長方花盆、海棠花式水仙盆、六方水仙盆、葵花式盆托、蓮花式盆托等。

器物中另有三足爐、鼓式洗、葵花式單把洗、單把圓洗、蟠桃核筆洗、蓮花式大碗、海棠式盤、圓盤、如意枕、長方枕等。

宋鈞窰器的底部有些刻以一到十的數字，同一器型尺寸越小號碼越大，說明當時屬成套生產。

北宋亡後，一度停燒的鈞窰生產重新恢復，但只生產碗、盤等日用器，且已以天青釉為主，少見紅釉窰變。深受百姓喜愛的鈞釉生產很快遍及北方的廣大窰址，成為金元期間北方的重要瓷業產品。

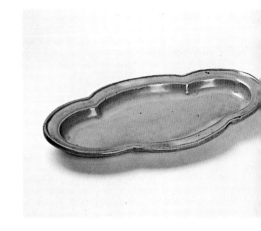

宋·鈞窰　靑釉花式盤
台北·故宮博物院藏

北宋・鈞窰　青釉花盆
1992年　佳士得香港春拍目錄

金代鈞窯瓷胎質細緻緊密，釉面潤澤，有開片，有的見暈斑或帶有小黑點，製作不甚規整。

鈞瓷在元代有很大發展，河南、河北、山西等地形成了一個鈞窯體系。與宋鈞瓷相比，元鈞的特徵是胎質粗鬆，釉薄欠勻，釉面多棕眼，光澤較差，釉質堆積處如蠟淚。釉色天青，月白交融，以月白色爲主，另有天藍和帶紅紫斑的。元鈞瓷的紅釉呈色呆板，不如宋鈞瓷自然，同時也有紅紫交融的玫瑰紫和海棠紅等釉色。

元鈞瓷採用堆貼的裝飾方法，這種方法爲元鈞瓷所獨有。元鈞瓷施釉均不到底，圈足內外無釉。

器物形制以碗、盤、罐等民間日常用品爲多。另外也有少量的執壺、枕、梅瓶、高足杯、三足爐等器，單純的陳設瓷較少見。

元鈞窯瓷不乏上好精品，如新安窯的元鈞產品有天藍、天青、月白、葡萄紫和海棠紅等色，紅藍相映的窯變也相當成功。其中內青外紫的仿宋官窯器足以與原物媲美。臨汝縣博物館藏有棉花窯出土的大型元鈞荷口天藍釉瓜楞瓶，製作精美，光彩奪人目，代表了元鈞的製作水平。

宋・金・鈞窯 藍釉紅斑連座瓶
1995年 蘇富比香港秋拍目錄

宋・金・鈞窯　青釉花口鉢
東京・國立博物館藏

元・鈞窯　青釉匜
東京・國立博物館藏

明清時，江蘇的宜興和廣東的石灣生產的陶胎鈞釉器，分別稱爲宜鈞和廣鈞。

❶宜鈞

江蘇宜興以紫砂陶著稱，明代生產的仿鈞釉產品稱宜鈞。宜鈞是一種帶釉的陶器，品種繁多。

宜鈞釉色以天青、天藍、雲豆居多，另有月白等色，其中一部分花釉產品與廣鈞（泥鈞）極爲相似。宜鈞的胎有白色與紫色兩種，分別用宜興白泥和紫泥製作。釉層厚而失透，開細密紋片。

明代後期宜興歐窯生產的宜鈞最爲成功，除青色系列的釉外還有葡萄紫色。歐窯的典型產品呈灰藍色，介於灰黑與灰綠之間，「灰中有藍暈，艷若蝴蝶花」。器物品種繁多，如花盆、瓶、盂、尊、爐、佛像等，盤的形狀大多呈六角或八角。

清代宜鈞繼續發展，乾隆、嘉慶年間，宜興丁山鎮葛氏兄弟的產品十分著名，器型以火鉢、花瓶、水盂爲主。釉彩豐富，色澤藍暈，較明代歐窯有發展。器物上印「葛明祥」或「葛明祥造」款。晚清和民國初仿製過很多葛氏兄弟作品，有的印「葛明祥製」四字楷款。

❷廣鈞

廣鈞以陶泥爲胎，又稱泥鈞。

廣東石灣窯生產始自唐代，以後宋元和明清延續不斷。

唐代產品有青釉和醬黃釉兩種，青釉居多。

宋代產品有醬黑釉、醬黃釉、醬褐釉、青釉和白釉等數種。

元代有青釉、醬黑釉、醬黃釉和窯變釉幾種。窯變釉已屬廣鈞之起始。

明清時，廣鈞釉色極爲豐富，有青、綠、黑、紅、黃、藍、白、紫等色，因配方成濃淡變化，又化成數十種釉色，最鮮麗的推藍色，即所謂「廣窯以藍勝」。

五彩斑斕的窯變釉是廣鈞的最大特色。「三稔花釉」在淺藍釉層中現出雨點狀紫紅色，非常美觀。翠毛釉的釉色如翠鳥羽毛般的艷麗。另外藍白競麗的藍鈞、紅艷欲滴的石榴紅、華貴典雅的紫鈞，都是廣鈞精品。

明・石灣窯　藍鈞釉貫耳瓶
廣東・省博物館藏

清・石灣窯
藍鈞釉菱花盤
石灣美術陶瓷廠藏

119

爐鈞

明、清時鈞釉已衍生發展成許多新的品種，其中稱爲「爐鈞」的爲景德鎮的仿鈞釉。

景德鎮在明代就開始仿鈞釉瓷，到清代時出現仿宜鈞的產品，稱爲「爐鈞」。爐鈞自清初雍正開始出現，一直到民國初年還在生產。

歷朝生產的爐鈞釉色和花紋不同。雍正官窰爐鈞在翠藍釉中夾雜高粱紅色釉，融流自然，釉色凝重中見艷麗。

乾隆初官窰爐鈞仍見紅藍交匯，稍後則唯見藍色，在深沉的普藍中夾雜淺淡的翠藍。釉彩交融變化生動。

嘉慶、道光起爐鈞釉都呈現爲深藍底上有密集的魚子狀粉藍色小點，與雍正、乾隆製品截然有別。

河南禹縣的神垕鎮，原係宋鈞瓷產地，當地的一蘆姓瓷匠自晚清開始燒製仿宋鈞瓷。蘆氏的產品用風箱爐燒成，因而稱「爐鈞」，又因出自蘆家，稱「蘆鈞」。其產品釉色五彩斑爛，釉質玉潤晶瑩，足與宋鈞比肩。所仿折沿盤和乳釘罐，在天青釉中夾紫紅斑，尤爲佳作。

清・乾隆　爐鈞釉八稜瓶
1993年　蘇富比香港春拍目錄

清‧雍正　爐鈞釉折沿盤（二張）

120

宋‧元　哥釉

哥窯的名稱明初始出現，列爲宋代五大名窯之一。

開片是哥釉的重要特徵。瓷器上的紋片是由胎釉的膨脹係數不同而造成的窯病。但哥釉化腐朽爲神奇，有意識地控制並強調開片，造成一種缺陷美，打破單色釉瓷的平衡與單調。哥窯器的紋片大的如冰裂紋，小的如魚子狀，以大器小片和小器大片爲貴。傳世哥釉以小片紋居多。片紋除黑色外還有黃色、紅色等顏色。

宋元哥釉釉層較厚，有縮釉點。口沿呈褐色，似官窯器紫口，顏色較淡。底部塗赭色、紫色或紫黑胎汁。

釉色以灰青、月白爲主，還有粉青、米色、青黃等。有些器物有窯變，台北故宮所藏器物中見粉青窯變米色、淺青窯變米色、月白與淺青窯變黃色等幾例。

胎有瓷胎和砂胎兩種，厚薄不一，呈黑、黑灰、淺灰、土黃幾種。

器物以小件爲主，有碗、杯、盤、碟、壺、瓶、爐、洗等。

傳世哥釉瓷生產時間大致在南宋至元初。因稱爲哥釉的器物胎骨和釉色並非一種，所以可能非一時生產、非一地生產。雖然有的認爲哥釉即南宋修內司窯產品，但理由還不充分，尚待新的證據來說明。

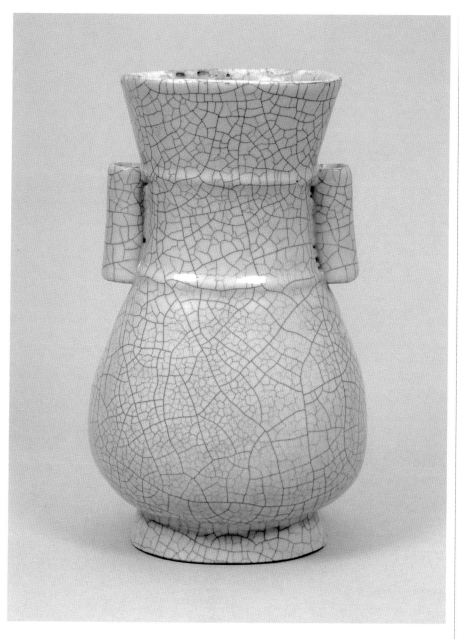

南宋—元　哥窯貫耳瓶
日本・出光美術館藏

南宋—元　哥窯輪花碗
上海博物館藏

121

明・清　哥釉

哥釉的典雅氣質深受士大夫鍾愛，明清官民窰仍熱衷於生產。明清哥釉有輕靈華貴的特點，和宋元哥釉的古穆莊重不同。

明代哥釉前期主要由官窰生產，嘉靖後江南吉安永和窰也燒造哥釉。

明時景德鎮官窰生產的哥釉都是小器，如油青壺、灰青三足爐、灰青圓洗、油青小碗、灰青菱花式小碗、淺粉青盤等。這些器物就露胎處看，胎呈灰色或灰白色，大部分胎骨厚重。

明代仿哥始於永樂，但傳世品中唯見宣德製品。宣德仿哥有月白、灰青等色，釉面見橘皮紋，暗淡帶油光，有黑、褐開片。成化官窰製品釉層肥厚，平致光亮，小片紋黃色，大片紋黑色，口足多施醬黃釉或醬紫釉。嘉靖、萬曆製作胎體厚重，釉面欠平整，但光亮晶瑩。

清初官窰仿哥非常成功。開片由大而深和小而淺的兩種紋片交織組成，稱「金絲鐵線」或「文武片」。雍正仿哥釉青灰色，釉內氣泡細小，釉表光澤微弱，雅致而華貴。但不見宋元哥釉油潤的酥光和多而密集的氣泡，也無宋元哥釉的縮釉點。這時仿哥瓷的器物有葵口碗、琮式瓶、筆筒、水盂、筆架等文房用具。

清代仿哥窰瓷的生產一直沒有停止過，晚清和民國初年生產的哥釉器傳世品很多，和清初官窰哥釉相比，釉汁稍乾枯，無凝脂般的玉質感。呈色一般爲月白色或米黃色，已無法燒成灰青這種典型的宋瓷釉色。

近年新仿哥釉已達亂真的程度，但底面和露胎處仍有缺陷，粗糙，不見旋削紋，且有一層粉白色漿，這是識別要領。

明　仿哥釉魚耳爐
北京・故宮博物院藏

清・乾隆　仿哥釉三稜瓶
台北・故宮博物院藏

　　耀州窰在今陝西省銅川市一帶，是北方的瓷業重鎮。耀州窰始於唐，終於明，宋是鼎盛時期。

　　宋代耀州窰生產青瓷、白瓷、黑瓷及彩瓷，以青瓷成就爲大。

　　青瓷的胎骨細緻，灰白色。釉色純正，呈艾青色即葉綠色，但和南方越窰的黃綠色不同，較透明。

　　紋飾裝飾方法有刻花和印花兩種，北宋早期以刻花爲主，北宋晚期以印花爲主。

　　刻花技法高超，刀鋒犀利流暢，線條剛柔相濟，紋樣豐富多彩，畫面優美綺麗。刀痕側斜，深淺交替，施釉後紋飾處釉層淺薄而明亮，邊緣處釉厚深而濃重，使紋飾突出，主次分明。

　　印花技法嚴謹，紋飾精緻，線條圓潤，圖案清晰，雖無定窰白瓷印花的繁滿精雅，但疏朗舒展更具魅力，粗枝大葉的紋飾在青翠沉穩的釉色襯托下，充滿陽剛之美。

　　無論是刻花還是印花，耀州青瓷都居宋瓷之首，因而爲宮廷選中生產貢瓷。北京廣安門曾出土印有龍鳳紋的耀州青瓷，推想由金人從汴京掠回，應屬當年的貢器。

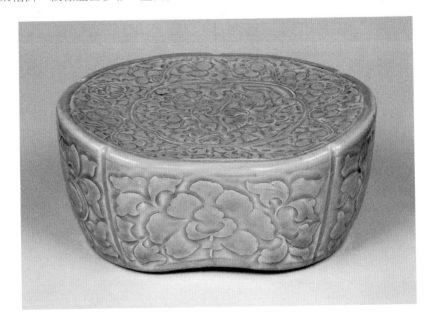

宋・耀州窯　青釉刻花牡丹唐草紋水注
日本・出光美術館藏

北宋・耀州窯　青釉刻纏枝飛鳥紋枕
日本・靜嘉堂藏

123

宋 建窯黑釉

宋代黑釉的生產地點很多，以建窯為貴。北宋後期，建窯曾為宮廷生產茶盞。

建窯黑釉器的胎骨都極厚重，碗盤類的口沿部分較薄，腹部以下則厚度漸大，有的厚達1cm。胎為黑色或紫黑色，質地粗糙但十分堅硬，歷來有建盞胎「質粗不潤」的說法。外底部均有露胎處，露胎面大小不一，形狀也不規整，是建窯黑釉器重要特點。

兔毫釉又稱玉毫、異毫、兔毛斑、兔褐金絲等。建窯兔毫釉盞為黑釉地而帶褐色，釉面光潤。盞身裏外有銀色的細長條紋斑，條紋長如兔毛。在兔毫斑中也有其它釉色。盞口沿內外為褐色，底周內外呈紫黑色。釉自上向下逐漸增厚，釉有垂流。

油滴釉在日本稱為油滴天目，亦稱油珠。油滴釉在青黑色的釉面上呈銀色。北方窯製成的油滴釉則在紅黑色的釉面呈紅褐色。這些由釉中的微量金屬形成的結晶斑點浮游於釉表，閃爍奪目。

建窯也有窯變釉，日本稱為曜變天目，係在油滴斑周圍窯變出藍、紫、綠、黃、白等色，在不同角度看去會變忽不定，猶如螢火蟲一樣的幽光，若隱若現。

建窯產品數量最多的是黑色釉，色黑如漆或紫黑，有光澤，口沿為褐色。釉面有白色小斑點，兔毫紋不明顯，釉有垂流，在底周圍形成乳濁油滴狀結晶。

建窯產品中還偶見赭色、灰色、紫色、米黃色、深綠色玻璃釉。

建窯黑釉盞有敞口和斂口兩大類，斂口多於敞口。

宋建窯茶盞底有的帶有「供御」和「進」字樣，說明這是為宮廷燒製的御用茶盞。

南宋·建窯 兔毫釉碗
日本·東京國立博物館藏

南宋・建窯　油滴釉碗
日本・東京國立博物館藏

南宋・建窯　油滴天目黑釉碗
日本・東京梅澤紀念館藏

124

唐・宋　白釉瓷

白釉在北朝時始見，但釉色白中含青或含黃，至唐代燒成純淨的白釉。宋代白釉已普遍生產。唐宋時北方的白釉較成熟。

❶唐邢窯白釉

邢窯是唐代重要的白釉產地。邢窯八十年代在河北內丘縣已發現窯址。

邢窯白釉的胎骨細緻白淨，器物造形規整，底心有旋削紋且滿釉。釉色純正，口沿稜角積釉處見水綠色。器壁見垂流的水綠色釉痕，這是唐邢窯白瓷的重要特徵。

器物粗精皆有。以粗器生產數量巨大，「內丘白瓷甌……天下無貴賤通用之」。精器屬上層皇室官吏所用，陝西西安唐大明宮遺址出土潔白光潤邢窯器刻有「盈」字，屬官窯性質。

❷宋定窯白釉

定窯被評為宋代五大名窯之一，窯址在今河北省曲陽縣潤磁村及東西燕山村一帶。宋時曲陽縣屬定州，故稱定窯。

胎骨細膩潔白又輕盈秀美，是定窯白瓷的重要特點。定窯白瓷是白中含黃，這種帶暖色調的白色與東方女性的膚色有相似之處，被稱之為女性美的顏色。在北宋中期，定窯白瓷因其精美而一度被選為宮廷用瓷。

覆燒是定窯工藝特色，因覆燒底部上釉而口沿部露胎，稱「有芒」。為了適合宮廷使用，在器物的口沿包上金、銀、銅口。

定窯裝飾以胎體刻花、劃花和模印為主。而北宋早期產品多用刻花和劃花。北宋中期以後則以模印為主。紋飾稠密精緻，尤其是模印紋飾都經精心設計，勻稱與精美成為其特色。紋飾有花卉（牡丹、蓮花、荷花、萱草等）、魚禽、龍鳳等。一般來說，北宋產品紋飾深而清晰，南宋產品紋飾淺而含糊。

在定窯器上，還偶見用金彩繪製的紋飾，屬珍貴的稀有品種。

定窯除生產白瓷外，還生產黑釉、紅釉、醬釉、綠釉器，分別稱作黑定、紅定、紫定等。這些釉色的定窯器胎骨也是潔白色。黑定為漆黑色，係釉中含大量鐵成分的原因；紫定是類似紫檀木的顏色；紅定則是紅褐色。

宋・定窯　柿釉金銀彩牡丹紋碗
日本・東京國立博物館藏

宋・定窯　白瓷印花鳳凰紋盤
日本・出光美術館藏

125

元 卵白瓷

元代景德鎮窰生產一種乳濁狀的白釉，稱卵白釉。

元代的卵白釉瓷有民窰和官窰兩大類，民用產品製作稍粗，另一類印有「樞府」字樣的稱「樞府瓷」，屬官窰，係元軍事機關樞密院定製的專用瓷。在樞府瓷上還有「太禧」、「福祿」等字樣。

樞府瓷的胎土含有高嶺土，燒成溫度高，因此胎骨堅緻。

造形規整是樞府瓷重要特點。碗、盞類器物均胎骨厚重，小圈足外撇，足壁厚，底心有乳釘狀突出，足內無釉，呈紅褐色斑點。圈足邊沾有窰砂。

樞府瓷碗、盞類器物主要造形有：

折腰碗——小足平底，敞口深腹。

高足杯——折腰敞口，淺腹高足。

直口圓碟——平底，直口。

侈口碗——碗足外撇，碗底微凸。

壓模印花是樞府瓷基本裝飾方法，紋飾多印於盤、碗等圓器的內壁。紋飾常見的有纏枝牡丹、纏枝蓮、纏枝花葉、纏枝蓮龍、牡丹雙鳥加「壽」字、松竹梅紋加「壽」字、雙龍紋、雙龍花葉紋、菊瓣紋、雙魚菊瓣紋、蓮瓣八寶紋等。「樞府」或「太禧」等字樣印於器物兩邊的花紋中。

有的樞府瓷器物採用分格式圖案，如盤的邊沿分為八格，飾以八種吉祥圖樣，與元龍泉相似。

樞府瓷的釉色前後期不同。前期的器物呈色白中泛青，與影青瓷難以區分，後期為純正的卵白釉，釉層厚而失透，是永樂甜白瓷的前身。由於釉層厚，致使印花紋飾模糊不清，在一般器物的口沿有淌釉痕。

元代外銷瓷中，有一種卵白釉加彩瓷，內壁模印紋飾，外壁加飾紅綠彩，用筆和紋飾與同期的青花、釉裡紅瓷極為相似。

元・景德鎮窰　卵白釉加彩小碗

元・景德鎮窯　卵白釉戲金龍紋玉壺春瓶
江西・高安博物館藏

明初永樂和宣德白釉瓷源於元樞府白瓷。

永樂白瓷胎薄如紙，潔淨如玉，幾乎只見釉不見胎，能映見手指螺紋。因其薄如蛋殼故有人稱爲「卵幕」。其釉細膩瑩潤，微閃肉紅色，給人以甜的感覺，稱「甜白」。但近年出土標本中，有的則呈淡青色。永樂甜白瓷以胎上刻劃爲主要裝飾方法，亦有模印的紋飾。因釉過分厚潤，胎上劃紋僅依稀可見。

永樂甜白瓷的紋飾有龍紋、鳳紋、花卉紋、番蓮八寶紋、螺旋紋等，另有些屬伊斯蘭風格的紋飾。

永樂甜白器物有瓶、罐、壺、碗、盤、盞托、無檔尊、盂、鉢、爵、軍持、匜、豆等。

永樂甜白瓷的年號款概爲「永樂年製」四字，篆體，刻印於器心。在款字外刻有單圓圈、橢圓圈、雙圈、龍鳳、花邊、雲紋等。

宣德白瓷與永樂相比胎骨稍厚。釉層中含大量氣泡，釉表細橘皮紋和少量縮釉點。釉色白中略含淡青色。

永樂白釉瓷的紋飾一般刻於內壁和盞心，宣德白釉碗、盞類的紋飾則刻於外壁和底面，紋飾趨向繁複。

紋飾有花卉紋和龍鳳紋兩大類。

花卉紋的題材包括蓮瓣、番蓮花、牡丹、菊花、四瓣花、桃形等。

龍鳳紋刻於器壁的，一般加飾纏枝蓮，器物的脛部刻雲紋。

題於器物上的年號有「宣德年製」和「大明宣德年製」兩種。「宣德年製」四字的刻製，篆、楷均有。「大明宣德年製」均爲楷書，以青花題寫或刻製暗款。

白瓷在宮廷內作供器。宣德後的正統、天順、成化、嘉靖等朝都有燒製，尤以嘉靖時爲好。嘉靖官窰甜白如五龍方洗、雲龍盌、仰鐘盌、八稜鍾都樸素中見高貴，屬祭祀之器，題「大明嘉靖年製」六字青花款。

明・永樂　甜白釉暗花八吉祥紋僧帽壺連原盒
1995年　蘇富比香港秋拍目錄

明・永樂　甜白釉浮雕蓮瓣紋三足座
景德鎮・明御廠窯址出土

福建省以建陽的黑釉和德化的白釉為代表，分別稱之為「黑建」和「白建」。

明初德化白釉的釉色為白中含極淡肉紅，明代中期產品帶奶油黃色，明末的為奶油白色，清初的產品已白中閃青。明代的德化白釉均極純淨，潤若凝脂，是純正的白釉，又稱乳白、象牙白、鵝絨白，國外則稱德化白釉為豬油白。

德化白瓷的胎質白淨緻密，透光性好，是精美的德化白釉的重要基礎，但硬脆易損也是其特點。

明代是德化白瓷的全盛時期，清初時產品已是「胎地厚而粗，釉水瑩而薄」。清初德化白釉的燒製技術由於戰亂而失傳。

佛像與其它人物塑像是德化白釉的代表作品，德化窯的人物塑像元代已很盛行。明清出現的瓷塑名家有何朝宗、何朝春、張翕、林學宗、林捷升、許財源、許裕源、許雲麟、蘇蘊玉、蘇善、張壽山、林朝景、陳偉、陳偉山、許良西、蘇學金等，其中尤以何朝宗為代表。這些名家製瓷像在人物背後或底足往往有印章。佛像大至1.5公尺，小至9cm，共二百多種規格。

廿世紀以來，有新仿的白瓷觀音塑像，係用模型灌澆成型，器裏有瓷漿流動紋路，因而胎體薄而輕。釉呈奶黃色，有氣泡，無明代瓷像之腴潤悅目的特徵。日本也有仿製品，各方面均能亂真，唯裝飾上帶日本風格。

德化窯的產品以碗、杯、盤、瓶、爐、盒等日用品為主，其中各式小杯最精緻動人，以貼印作飾，有梅花、螭龍、鹿、鶴等幾種。陳設瓷也是德化白瓷的重要品種，有尊、罍、瓶、斝等物。

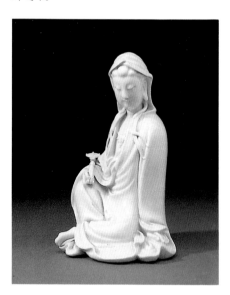

德化　白瓷觀音像
1993年　佳士得紐約春拍目錄

德化　白瓷觀音像
1993年　佳士得紐約春拍目錄

元代已燒出成熟的藍釉，有藍釉金彩和藍釉白花兩種。

明永樂藍釉近年在窰址出土，藍色純正，釉面光潤肥厚，胎體堅薄。

宣德年間，藍釉製造工藝益精，釉色如深淺不同的藍寶石，口沿釉層較薄處有一線白色燈草口。釉質肥腴帶橘皮紋。

宣德藍釉有幾種裝飾方法：內外施藍釉，素面或刻劃紋飾；或外藍釉裏白釉，內壁素面或錐拱紋飾；或青釉白花，胎上錐拱突起的紋飾施白釉，地施藍釉；灑藍，又稱「雪花藍」或「蓋雪藍」。器物的底面均爲白釉。

宣德祭藍的年號有青花題寫和刻製暗款兩種，均爲「大明宣德年製」六字楷書。

成化藍釉白花器在口沿上加醬色釉邊，白花堆起，紋飾清晰，藍色中含紫。正德藍釉器藍中泛黑，釉薄處見絲狀刷痕。

清初康熙所仿宣德藍釉胎體略爲輕薄，釉面欠厚潤，款識字體鬆軟。清中期製裏綠釉外藍彩金彩餐具，外繪雲龍紋，底有民窰青花窰場標誌，製作亦相當精美。

明・宣德　祭藍釉地白花萱草紋大盤
景德鎮・明御廠窰址出土

清・乾隆　祭藍釉天球瓶
1992年　佳士得香港秋拍目錄

祭紅又稱「霽紅」、「積紅」、「寶石紅」，是以銅為呈色劑的高溫釉。

純正的紅釉在明永樂初才燒出，永樂後期燒製數量大增。

永樂祭紅器的胎骨潔淨堅緻，體薄而輕，上面紅釉艷麗勻潤。在裝飾上除滿塗紅釉以外，還有紅地白花的方法，以紅釉為地，紋飾處剔釉後填白釉。如永樂紅地白雲龍梨形小壺，壺身為白雲龍兩條，足與流飾卷草，腹下部與蓋面有變體蓮瓣各一周，蓋頂寶珠作花蕾形。

宣德祭紅據文獻記載，「以西洋紅寶石為釉」，故稱寶石紅。與永樂祭紅相比，胎體略厚，釉色略暗，也有的呈淺紅或深淺不等蘋果綠。在有些器物上，釉面有青、紫色窯變斑點，釉表有棕眼、冷紋。在瓶、花插等器物的底足處，釉呈碧綠色。宣德祭紅器物品種繁多，有僧帽壺、紙槌瓶、爆竹式花插、碗、杯、盤、蓮瓣鹵壺等。在器物上刻劃龍紋、雲紋、蓮瓣紋等紋飾。有一些器物如祭紅白裏雙龍盤，在外壁施紅釉而內部施白釉。

明代從成化開始，低溫紅釉替代高溫紅釉，祭紅已很難看到。

清康熙時仿宣德祭紅釉色黑紅，雍正時仿的色澤較為潤澤艷麗，有的釉表有橘皮紋。釉色濃淡不等，是雍正祭紅的工藝缺陷，有深褐、正紅、粉紅甚至蘋果青等色。乾隆和嘉慶的祭紅相當精美，清後製作較粗率。

明・宣德　祭紅釉侈口碗
景德鎮・明御廠窯址出土

清・乾隆　祭紅釉僧帽壺
1993年　蘇富比香港春拍目錄

清康熙官窰紅釉中的豇豆紅和郎窰紅，都是非常名貴的品種。

❶郎窰紅

郎窰紅因其色澤濃艷如牛血又稱牛血紅。有單層釉和雙層釉兩種。

單層釉的器物釉層薄，釉表光亮且有開片。口沿或稜邊露白色或米黃色胎，口沿有垂流痕。器物的上半部釉層薄而呈色淺，有淺紅、淡青等色，下半部釉層厚而呈色深。

雙層釉的釉層較厚，有深淺兩種顏色。呈色深的濃艷，厚實，有黑色星點，呈色淺的如桃花紅，釉表有白色霧狀。

郎窰紅釉器的胎骨均潔白堅緻，露胎處見火石紅。器物的口、足部塗白色粉質釉，郎窰紅的釉層由於厚重而時有垂流，但絕大部分不至底足。器物以文房用具及小型陳設瓷為主。

❷豇豆紅

豇豆紅釉是康熙晚期出現的品種，大多為較淺的紅色，上有深淺不等的斑點，與煮熟的豇豆皮色相似，個別的正紅色。在紅釉中似含有白色的粉質，發色溫潤細膩。釉中有窰變而產生淺綠色苔點，一般見於口沿或器身較薄處。較次的豇豆紅產品發色極淡或呈灰暗黑紅。

豇豆紅釉清末民初有仿品，器形和暗花均可亂真，唯紅釉鮮亮晶瑩，無粉質感。

豇豆紅釉瓷均為小件器物，如太白尊、石榴尊、鏜鑼洗、菊瓣瓶、柳葉瓶、葡萄尊、印盒、筆洗等。

清·康熙　郎窰紅筆筒
台北·故宮博物院藏

清·康熙　豇豆紅萊菔瓶
日本·出光美術館藏

新仿色釉瓷比青花瓷和彩繪瓷的仿製品更能亂真。江西景德鎮、浙江杭州、浙江龍泉及天津等地所仿宋代名窰，已超過民國的水平。

目前市場所見仿色釉瓷主要有：

❶仿影青——仿影青作品民國時就有，民國仿品的釉層較真品爲薄，刻劃紋飾軟弱無力。近年新仿因機器生產，雖器型規整，但線條生硬，底面並見細密旋削紋，是高速機械製作證明。從釉色看，除過於光亮過於透明外，已無太大差別。

❷仿龍泉——新仿龍泉以仿元作品爲多。造形粗壯和真品有幾分相似。釉層沉悶，釉色單一，底面釉斑爲整齊統一的正圓，和元龍泉底面不規則釉斑不同。露胎處「窰紅」用一層赭色釉醬代替，不是胎骨自身燒成。

❸仿宋名窰——仿汝、仿官、仿哥、仿定、仿鈞都頻頻露面，地攤上隨處可見。若在三十年前，這些仿品連專家都會上當，胎骨、釉層、開片、紫口鐵足都和原作相似，但釉表或火氣十足或暗啞無神，和宋代名窰的含而不露、寶光內蘊的神韻，不可同日而語。有些爲除火氣進行酸洗，則又過

分木訥真僞立辨。

❹仿清色釉瓷——清前期康熙、雍正、乾隆三朝色釉瓷都非常成功，雍正的尤其精彩。光緒時仿品有幾分相似。近年新仿則更爲逼真，所見新仿品種有豇豆紅、霽藍、天青、嬌黃等各色。胎上刻劃暗花稍嫌粗糙。而仿雍正什錦釉菊瓣碟非常成功，惟底面青花六字款與真款相去甚遠，圈足毛糙，胎骨亦無雍正瓷細膩和光緻。

商賈小販往往將新仿的器物做舊，通常是用膠水調泥塗抹，但土蝕痕生硬，有些仿清瓷也塗上泥斑，更屬違反常理。

平心而論，近年新仿色釉瓷與原物僅一步之遙，作爲新工藝品買來裝點居室未嘗不可，價低是最大優勢。

現代　仿宋哥釉爐

現代　仿道光天青釉盤

陶瓷研究・鑑賞叢書

雋永芳華照炎黃

陶瓷研究・鑑賞叢書 ①

【中國古瓷滙考】
●李正中 著
●朱裕平

本書旨在幫助文物愛好者，針對中國古瓷研究和鑑定可能遇到的問題，從「色釉瓷」、「彩釉瓷」、「青花瓷」三類進行綜合分析探討，並精選實物彩圖二百幅，體現圖文並茂，是陶瓷好和鑑賞者的知音。

●16開 176頁 彩色陶瓷200幅 豪華精裝本

陶瓷研究・鑑賞叢書 ②

【中國古瓷銘文】
●李正中 著
●朱裕平

本書是中國文化史上，第一次系統地對古瓷銘文作科學的、綜合的學術研究、幫助愛好陶瓷者對中國古瓷銘文，款識研究和鑑定，從題寫的特點、款式、內容、字體等進行綜合分析，並精選實物二百餘彩圖，以圖文對照方式解說。期能提昇欣賞、考古和鑑定的層次，讓古陶瓷的瑰麗面貌大數光彩。

●16開 208頁 彩圖200幅 豪華精裝本

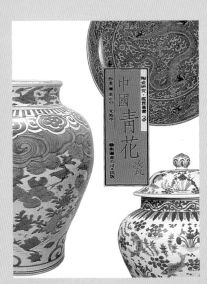

陶瓷研究・鑑賞叢書 ③

【中國青花瓷】
●李正中 著
●朱裕平

青花本是瓷器釉彩名，是白地藍花瓷器的專稱。從唐朝開始發跡，經宋、元、明、清，歷久不衰，各朝展現不同風格。本書以圖文對照方式，把歷代出名的青花瓷釉質、色地、形款……都作詳細分析與介紹；青花瓷的璀燦光華於焉可見。

●16開 彩圖200幅 豪華精裝本

保有一件古文物，深入研究古文物，除了附加
的經濟價值，學術意義之外，睹物思情，追懷
華夏風韻，更使人心靈廻盪。「陶瓷研究・鑑賞
叢書」爲您打開充實知識的大門，使您在藝術
的品味上更進一步。

陶瓷研究・鑑賞叢書 4

【中國唐三彩】

●朱裕平　著

本書作者從唐三彩的發現、出土和
流散，唐三彩誕生的文化淵源和歷
史過程，唐三彩俑和三彩器皿，唐
三彩的工藝和裝飾，唐三彩的流行
及其分期，唐三彩的產地，唐三彩
和社會生活，唐三彩和中外文化交
流，三彩工藝的發展，唐三彩贗品
和鑑定等，作系統而完整的介紹。
「陶瓷研究・鑑賞叢書」因此更形
堅實豐盈。
●16K 192頁 彩圖136幅 豪華精裝

陶瓷研究・鑑賞叢書 5

【中國陶瓷綜述】

●朱裕平　著

本書作者以時代先後爲經，各朝代
代表陶瓷品種類別爲緯，爲中國陶
瓷發展史，做一深入淺出之綜述。
上溯新石器時代的原始陶器，細說
中國陶瓷歷經夏商周、戰國秦漢、
三國兩晉南北朝、隋唐五代、宋、
元、明、清，以至二十世紀初的陶
瓷，將中國陶瓷璀璨多變、綺麗繁
複的風采，一一呈現在讀者面前，
娓娓道來，風情萬種，千嬌百媚，
盡在眼前。
●16K 168頁 彩圖160幅 豪華精裝

藝術圖書公司 台北市羅斯福路3段283巷18號
郵撥 0017620 ─ 0 帳戶 ☎：(02)362-0578　FAX：(02)362-3594

朱裕平　簡介

　　中國文化史學者。

　　祖籍江西南昌，1947年生於上海。現
致力於中國古陶瓷的理性研究並導入
科學方法論，發表專著和論文多種，
對陶瓷文化史理論結構的建立和表現
方式的形成作了有效努力。

中華陶瓷導覽 ❷

古瓷鑑定入門

朱裕平 著

執行編輯◉　龐靜平

法律顧問◉　北辰著作權事務所
　　　◉　蕭雄淋律師

發 行 人◉　何恭上
發 行 所◉　藝術圖書公司

地　　址◉　台北市羅斯福路3段283巷18號
電　　話◉　(02)2362-0578・(02)2362-9769
傳　　眞◉　(02)2362-3594
郵　　撥◉　郵政劃撥 0017620-0 號帳戶

南部分社◉　台南市西門路1段223巷10弄26號
電　　話◉　(06)261-7268
傳　　眞◉　(06)263-7698

中部分社◉　台中縣潭子鄉大豐路3段186巷6弄35號
電　　話◉　(04)534-0234
傳　　眞◉　(04)533-1186

登 記 證◉　行政院新聞局台業字第 1035 號

定　　價◉　**新台幣480元整**

初　　版◉　1998年 5 月30日

ISBN　957-672-288-8

國家圖書館出版品預行編目資料

古瓷鑑定入門／朱裕平著. --初版. --臺北
市：藝術圖書，1998〔民87〕
面；　　公分. --(中華陶瓷導覽；2)

ISBN 957-672-288-8 (平裝)

1. 陶瓷-古物-鑑定

796.6　　　　　　　　　　　　　　　87004123